Collection Développement Facile
De Matthieu Deloison

Créez Des Applications
HTML5 - CSS3
BootStrap 3 !

10
11100
01001
101

3 Étapes

CSS HTML

HTML5 / CSS3 / BOOTSTRAP 3

Comment utiliser les dernières nouveautés HTML5 et CSS3
pour Créer des Applications Magnifiques
que vos visiteurs adorent !

Collection Développement Facile

Écrit par Matthieu DELOISON
Publié par Les Éditions DELOISON
© 2015 Matthieu Deloison
Édition 1

Illustration 1: Rendez-vous sur http://www.programmation-facile.com/

"Le Code de la propriété intellectuelle et artistique n'autorisant, aux termes des alinéas 2 et 3 de l'article L.122-5, d'une part, que les "copies ou reproductions strictement réservées à l'usage privé du copiste et non destinées à une utilisation collective" et, d'autre part, que les analyses et les courtes citations dans un but d'exemple et d'illustration, "toute représentation ou reproduction intégrale, ou partielle, faite sans le consentement de l'auteur ou de ses ayants droit ou ayant cause, est illicite" (alinéa 1er de l'article

L.122-4). "Cette représentation ou reproduction, par quelque procédé que ce soit, constituerait donc une contrefaçon sanctionnée par les articles 425 et suivants du code pénal."

Tous droits réservés dans tous pays.
Dépôt légal : 2ème trimestre 2015
ISBN-13: 978-1514390313
ISBN-10: 1514390310

Table des Matières

HTML5 / CSS3 / BOOTSTRAP 3..................................2
    Comment utiliser les dernières nouveautés HTML5 et CSS3 pour Créer des Applications Magnifiques que vos visiteurs adorent !..................................2
PRÉFACE..................................1
    Ce que vous avez à y gagner..................................1
    Ce qui risque d'arriver si nous ne faîtes pas l'effort de créer des sites web performants..................................2
    Ce qui vous attend dans les pages à venir..................................3
INTRODUCTION..................................5
1ÈRE PARTIE. HTML5..................................8
CHAPITRE 1..................................10
CRÉER UNE PAGE HTML5..................................10
    Le doctype..................................10
    La balise HTML..................................10
    L'en-tête du document..................................11
    L'encodage (le charset) du document..................................12
    Le document HTML..................................13
    Résumé du chapitre..................................14
CHAPITRE 2..................................17
METTRE EN FORME VOTRE TEXTE AVEC HTML5. 17
    Le saut de ligne..................................17
    Texte en gras..................................18
    Texte en italique..................................18
    Texte en exposant et en indice..................................19
    Texte barré..................................19
    Les commentaires avec HTML 5..................................20
    Les caractères spéciaux..................................20
    Résumé du chapitre..................................21
CHAPITRE 3..................................24
DÉFINIR LES TITRES, CITATIONS, LISTES ET LES PARAGRAPHES..................................24
    Les titres..................................24
    Les paragraphes..................................25
    Les citations..................................26
    Les séparateurs horizontaux..................................27
    Les listes numérotées..................................27
    Les listes imbriquées..................................29

Résumé du chapitre...30
CHAPITRE 4...34
CRÉER DES LIENS HTML5...34
   L'ajout d'un lien...34
   Lien vers une page..36
   Les liens dans une page..37
   Les liens vers un autre site...37
   Les liens vers une adresse mail..38
   Les liens vers un fichier...38
   Résumé du chapitre...39
CHAPITRE 5...42
UTILISER LES IMAGES AVEC HTML5..........................42
   Les images..42
   L'ajout d'une image..43
   L'ajout d'un lien sur une image...44
   La bordure de l'image..44
   L'ajout d'une couleur en arrière-plan...............................45
   Résumé du chapitre...46
CHAPITRE 6...50
LES NOUVELLES BALISES HTML5 HEADER SECTION NAV FOOTER...50
   Les nouvelles balises HTML5..50
   Résumé du chapitre...54
CHAPITRE 7...57
UTILISER LES FORMULAIRES HTML5.........................57
   Organisez vos formulaires complexes.............................57
   Suggestion via un champ texte...60
   Vérifier une adresse mail...61
   Résumé du chapitre...62
CHAPITRE 8...65
3 TECHNIQUES POUR LES NOUVEAUX FORMULAIRES HTML5...65
   Un champ au format numérique..65
   Un champ au format date..66
   Un champ au format horaire...68
   Un champ de recherche...69
   La palette de couleurs...70
   Les curseurs...70
   Exemple d' application...70
   Résumé du chapitre...73
CHAPITRE 9...76

AJOUTER UN LECTEUR AUDIO HTML5 COMPATIBLE TOUT NAVIGATEUR..................76
   L'ajout d'un fichier audio..76
   Les formats pris en charge......................................78
   La balise <source>..79
   Résumé du chapitre...79
CHAPITRE 10...83
AJOUTER UN LECTEUR VIDÉO HTML5 COMPATIBLE TOUT NAVIGATEUR..................83
   L'ajout d'un fichier vidéo..83
   Les formats pris en charge......................................85
   La balise <source>..86
   Résumé du chapitre...86
CHAPITRE 11...90
UTILISER LA GÉOLOCALISATION AVEC HTML5 ET JAVASCRIPT..90
   La géolocalisation...90
   Résumé du chapitre...92
CHAPITRE 12...96
UTILISER LE STOCKAGE LOCAL ET PERSISTANT DANS LE NAVIGATEUR....................................96
   Stocker des données dans le navigateur...................96
   Le stockage temporaire...97
   Le stockage persistant...97
   Résumé du chapitre...98
CHAPITRE 13...101
LES API JAVASCRIPT HTML5...101
   Les API JavaScript avec HTML5...........................101
   Résumé du chapitre...105
CHAPITRE 14...108
5 BONNES PRATIQUES HTML5 SUR MOBILES......108
   Les sites pour mobiles avec HTML5.......................108
   Résumé du chapitre...111
CHAPITRE 15...115
LE DOCTYPE HTML5 À UTILISER POUR LES MOBILES...115
   Écrire le doctype pour un site mobile.......................115
   La taille de la fenêtre d'affichage.............................116
   Ecrire le doctype pour un site mobile.......................117
   Résumé du chapitre...118

CHAPITRE 16..121
**CRÉER DU TEXTE MULTI-LIGNES ET UN
BACKGROUND AVEC CANVAS**........................121
    Résumé du chapitre......................................127
2ÈME PARTIE. CSS3..129
CHAPITRE 17..132
MAÎTRISER LES BASES DE CSS3...................132
    Utilité des feuilles de style.............................132
    Les sélecteurs CSS......................................133
    Les commentaires CSS.................................135
    Les unités de mesure CSS............................135
    Les couleurs CSS..136
    CSS intégré à une balise HTML 5..................137
    CSS dans la page HTML 5............................138
    CSS dans un fichier .css...............................139
    Les CSS importés..140
    Les priorités CSS..141
    Résumé du chapitre.....................................141
CHAPITRE 18..145
METTRE EN FORME VOTRE TEXTE AVEC CSS3..145
    Texte en gras...146
    Texte en italique...146
    La taille du texte...147
    La couleur du texte.....................................148
    Aligner du texte..148
    Texte souligné..148
    Résumé du chapitre.....................................150
CHAPITRE 19..153
**UTILISER LES POLICES DE CARACTÈRES AVEC
CSS3**...153
    L'utilisation d'une police de caractères............153
    Le style d'une police de caractères................154
    Les polices système....................................155
    Résumé du chapitre.....................................155
CHAPITRE 20..159
**PERSONNALISER VOTRE TEXTE AVEC CSS3 –
PARTIE 1**..159
    Les transformations du texte.........................159
    Indentation du texte.....................................160
    Définir l'espace entre les lettres......................160

- Résumé du chapitre...161

CHAPITRE 21...164
PERSONNALISER VOTRE TEXTE AVEC CSS3 – PARTIE 2...164
- Définir l'interligne du texte...164
- Ajouter des espaces vides...165
- Alignement d'un texte...166
- Définir la direction du texte...167
- Définir la hauteur et la largeur...168
- Résumé du chapitre...169

CHAPITRE 22...172
PERSONNALISER LES LISTES NUMÉROTÉES ET IMBRIQUÉES...172
- Définir le type de puce de la liste...172
- Choisir une image pour la puce...174
- L'option retrait...175
- Résumé du chapitre...175

CHAPITRE 23...178
UTILISER LES ARRIÈRE-PLANS AVEC CSS3...178
- Définir la couleur du fond...178
- Ajouter une image de fond...179
- Répéter l'image de fond...180
- Positionner l'image...180
- Fixer l'image de fond/pas de défilement...181
- Résumé du chapitre...182

CHAPITRE 24...185
UTILISER LES DIV AVEC CSS3...185
- Notion de bloc...185
- Type de bloc...186
- Largeur et hauteur d'un bloc...187
- Les marges externes...189
- Les marges intérieures...190
- Résumé du chapitre...191

CHAPITRE 25...194
LES DIV CSS3 N'AURONT PLUS DE SECRET POUR VOUS !...194
- La couleur de la bordure...194
- L'épaisseur de la bordure...195
- Le style de la bordure...196
- Résumé du chapitre...196

CHAPITRE 26 200
LA PERSONNALISATION DES LIENS AVEC CSS3 200
- La couleur des liens 200
- Les infobulles sur les liens 201
- Les liens sur les blocs 201
- Les différentes couleurs des liens 201
- Compléments 202
- Résumé du chapitre 203

CHAPITRE 27 206
LES BALISES CSS3 SUPPLÉMENTAIRES 206
- Balises CSS pour les paragraphes 206
- Insérer du contenu 208
- Résumé du chapitre 209

CHAPITRE 28 212
CRÉER DES TRANSITIONS POUR VOS MENUS 212
- Effectuer une transition sur un menu 212
- Résumé du chapitre 213

CHAPITRE 29 217
DÉFINIR LA POSITION DE VOS BLOCS DIV 217
- Le positionnement statique 217
- Le positionnement relatif 218
- Le positionnement absolu 218
- Le positionnement fixe 219
- La propriété float 219
- La propriété clear 220
- Résumé du chapitre 220

CHAPITRE 30 224
LES TECHNIQUES AVANCÉES POUR DÉFINIR LA POSITION DE VOS BLOCS DIV 224
- La superposition de blocs 224
- Le dépassement de la taille d'un bloc 226
- La visibilité du contenu d'un bloc 227
- Contrôler l'affichage d'un bloc 228
- Contrôler la visibilité du contenu d'un bloc 228
- Modifier le curseur de la souris 229
- Résumé du chapitre 230

CHAPITRE 31 233
LES NOUVELLES BALISES CSS3 – PARTIE 1 233
- Les bords arrondis 233
- Les bordures à partir d'une image 234
- Ajouter une ombre sur du texte 235

- Créer un effet miroir..237
- Effectuer un fondu d'images....................................237
- Résumé du chapitre..238

CHAPITRE 32...241
AJOUTER DES POLICES PERSONNALISÉES AVEC GOOGLE FONTS..241
- Les polices personnalisées......................................241
- Afficher des lettres creuses.....................................245
- Résumé du chapitre..245

CHAPITRE 33...249
UTILISER LES NOUVELLES BALISES CSS3 – PARTIE 2...249
- Un résumé sur les titres longs.................................249
- Saut à la ligne automatique pour un texte................250
- Redimensionner un bloc...251
- Effectuer un dégradé de couleur linéaire..................251
- Effectuer un dégradé de couleur circulaire..............253
- Ajouter de la transparence......................................254
- Résumé du chapitre..255

CHAPITRE 34...258
UTILISER LES NOUVELLES POSSIBILITÉS CSS3 – PARTIE 3...258
- Rappel sur les préfixes CSS 3..................................258
- Présenter un contenu en colonnes...........................258
- Transformations CSS3..260
- Le texte défilant..262
- Les filtres graphiques..263
- Les masques...264
- Résumé du chapitre..264

CHAPITRE 35...268
2 STRATÉGIES POUR SIMPLIFIER VOTRE DÉVELOPPEMENT CSS3.......................................268

CHAPITRE 36...274
ORGANISER VOTRE CODE CSS POUR PLUS D'EFFICACITÉ...274
- Apprenez à structurer votre code CSS en le divisant 274
- Exemple d' application...276
- Résumé du chapitre..277

CHAPITRE 37...280

STRATÉGIE CSS AVANCÉE POUR GAGNER UN TEMPS CONSIDÉRABLE 280
CHAPITRE 38. 285
5 PRATIQUES CSS3 POUR DES APPLICATIONS PERFORMANTES SUR MOBILES 285
    Les bonnes pratiques CSS3 285
    Résumé du chapitre 288
3ÈME PARTIE. LE FRAMEWORK BOOTSTRAP 3 .. 290
CHAPITRE 39. 292
PRÉSENTATION DU FRAMEWORK BOOTSTRAP 3 292
    Présentation du framework BootStrap 3 292
    Installation de BootStrap 3 293
    Documentation de BootStrap 3 294
    Exemple d'application 294
    Résumé du chapitre 296
CHAPITRE 40. 299
UTILISER LE SYSTÈME DE GRILLE DE BOOTSTRAP 3 299
    Les grilles 299
    Exemple d'application 301
    Résumé du chapitre 303
CHAPITRE 41. 307
MISE EN PAGE AVEC BOOTSTRAP 3 307
    Imbriquer des grilles 307
    Les options de BootStrap pour le contenu 309
    Résumé du chapitre 310
CHAPITRE 42. 314
EFFECTUER LA MISE EN FORME DU TEXTE AVEC BOOTSTRAP 3 314
    Les titres 314
    Les paragraphes 315
    Résumé d'un article 316
    Les citations 316
    Mettre du texte en avant 317
    Résumé du chapitre 317
CHAPITRE 43. 320
AFFICHER DES MESSAGES D'ALERTE AVEC BOOTSTRAP 3 320
    Afficher des messages informatifs 320

Afficher des zones d'alertes...321
Afficher des zones d'alertes « complexes ».............322
Minis bulles d'informations.....................................323
Les labels...324
Résumé du chapitre..325

CHAPITRE 44...328
UTILISER LES ICÔNES AVEC BOOTSTRAP 3.......328
Utiliser la bibliothèque Glyphicon.......................328
Les icônes Font Awesome.......................................329
Font Awesome et les rotations................................330
Font Awesome et la superposition..........................331
Résumé du chapitre..332

CHAPITRE 45...335
AJOUTER DES LISTES AVEC BOOTSTRAP 3.......335
Les listes...335
Les listes avancées...338
Résumé du chapitre..340

CHAPITRE 46...343
CRÉER DES LISTES MAGNIFIQUES AVEC BOOTSTRAP 3...343
Les listes avec contenu HTML complexe................343
Les listes avec media-object....................................345
Résumé du chapitre..346

CHAPITRE 47...349
CRÉER DES BOUTONS AVEC BOOTSTRAP 3......349
Les boutons..349
La taille des boutons...350
Les menus à partir de boutons................................351
Résumé du chapitre..352

CHAPITRE 48...355
CRÉER DES MENUS AVEC LES BOUTONS BOOTSTRAP 3...355
Les menus déroulants...355
Les boutons personnalisés......................................357
Les options des boutons..358
Les boutons de l'API JavaScript..............................360
Résumé du chapitre..362

CHAPITRE 49...365
CRÉER DES FORMULAIRES AVEC BOOTSTRAP 3
...365

Les formulaires..365
Taille des éléments des formulaires....................367
Hauteur des éléments des formulaires...................367
Résumé du chapitre..368
CHAPITRE 50...371
LES OPTIONS DES FORMULAIRES HTML5 AVEC BOOTSTRAP 3..371
Les formulaires..371
Les formulaires - Les options................................374
Résumé du chapitre..377
CHAPITRE 51...380
CRÉER DES MENUS DE NAVIGATION AVEC BOOTSTRAP 3..380
Les menus de navigation.......................................380
Les menus de navigation optimisés pour mobiles..384
Menu avec une page « dynamique »......................386
Résumé du chapitre..387
CHAPITRE 52...390
CRÉER DES MENUS À ONGLETS AVEC BOOTSTRAP 3..390
Les menus avec et sans onglets............................390
Les menus verticaux...391
Résumé du chapitre..392
CHAPITRE 53...396
CRÉER DES PAGES NUMÉROTÉES AVEC LE FIL D'ARIANE..396
Les pages numérotées...396
Les boutons Suivant/Précédent.............................398
Le fil d'Ariane..399
Résumé du chapitre..400
CHAPITRE 54...403
CRÉER UN DIAPORAMA AVEC BOOTSTRAP 3....403
Les images..403
Les vignettes...405
Le diaporama BootStrap 3....................................407
Le diaporama BootStrap 3 – API JavaScript...........410
Résumé du chapitre..411
CHAPITRE 55...415
CRÉER DES INFOBULLES AVEC BOOTSTRAP 3. 415
Les infobulles..415

- Les options pour vos infobulles................................416
- Résumé du chapitre..418

CHAPITRE 56..421
LES OPTIONS AVANCÉES DES INFOBULLES TOOLTIP..421
- Les infobulles avancées ou popovers.....................421
- Manipuler les infobulles avancées avec l'API........422
- Résumé du chapitre..424

CHAPITRE 57..428
CRÉER DES POP-UP MODALES...............................428
- Les pop-ups..428
- Les pop-up - Les options......................................430
- Les pop-up - L'API JavaScript..............................431
- Résumé du chapitre..432

CHAPITRE 58..435
CRÉER DES TABLEAUX AVEC BOOTSTRAP 3.....435
- Les tableaux..435
- Les tableaux - Les options...................................437
- Résumé du chapitre..438

CHAPITRE 59..441
LA TECHNIQUE DE CRÉATION DE TABLEAUX AVANCÉS...441
- Les tableaux avancés..441
- Les tableaux avancés - Les options.....................443
- Résumé du chapitre..443

LE CHAPITRE MANQUANT ?..................................447
QUI EST MATTHIEU ?...449
REMERCIEMENT...451

Préface

◆

Ce que vous avez à y gagner

Dans votre vie de développeur, le seul objectif vers lequel vous devriez tendre pour avoir la sécurité financière, des projets passionnants et la tranquillité d'esprit d'avoir des applications stables, c'est de simplifier la vie de vos clients en créant le site web qui répond à leurs besoins et qui soit performant quelque soit sa complexité.

En créant des applications performantes, vous ressentirez une grande fierté - celle d'avoir dépassé vos limites, d'avoir repoussé les langages HTML5 et CSS3 dans ses derniers retranchements en contribuant davantage à la satisfaction de vos clients. En le faisant, vous montez la barre d'un cran sur votre marché. Ceux qui vous voyaient autrefois comme un concurrent vous voient désormais comme étant un mentor, un modèle qu'ils doivent suivre.

En concevant des sites web performants, vous allez gagner le respect de votre employeur ou de vos clients (si vous êtes freelance) qui, voyant que vous faites un excellent travail, seront inspirés par la qualité de votre prestation et voudront toujours travailler avec vous.

Créez des applications performantes et vous serez libre de choisir les projets les plus intéressants, vous ne dépendrez plus de

PRÉFACE

personne ; et surtout, vous aurez une grande confiance dans l'avenir.

Lorsque l'on crée des applications performantes, les clients viennent "tout seul" : vous avez une nouvelle clientèle d'acheteurs qui se fient à la recommandation d'autres clients et vous avez une clientèle constante qui revient encore et encore, parce que ces clients savent que vous allez toujours répondre à toutes leurs demandes et bien plus encore.

Ce qui risque d'arriver si nous ne faîtes pas l'effort de créer des sites web performants

Si vous ne consentez pas à faire cet effort, vous risquez de faire perdre "du temps et des clients".

Alors qu'au contraire, le développeur qui crée des applications performantes a le temps et le loisir d'améliorer ses compétences en programmation et de devenir encore meilleur.

Si, de votre côté, vous développez des applications juste satisfaisantes, sans plus - vous êtes sans doute toujours entrain d'essayer de justifier tel ou tel défaut de l'application auprès de votre client, de trouver des excuses (ou des justifications) qui font fuir vos clients.

Ce manque de compétence met perpétuellement en danger votre avenir financier.

Si vous créez des applications tout juste satisfaisantes, vous n'aurez pas le choix de vos projets.

Si vous êtes juste un développeur moyen, vous pouvez perdre un client à tout moment, votre application peut planter avec un bug fatal n'importe quand. Un développeur moyen est sans cesse à la recherche de nouveau client et de solutions "magiques" pour corriger les bugs de son application.

PRÉFACE

Créez des sites web performants, c'est gagner du temps et des clients sur les projets les plus intéressants.

Ce qui vous attend dans les pages à venir

Dans ce livre, je vais vous expliquer comment utiliser toutes les nouveautés apportées par le langage HTML5 pour créer facilement des sites web géniaux.

Puis, je vais vous donner tous les "raccourcis" et les nouvelles balises du langage CSS3 pour ajouter une touche de "merveilleux" à vos sites web.

Ensuite, vous aurez en main tout ce qu'il faut pour utiliser des outils efficaces comme le Framework BootStrap 3 pour Créer des Sites Web Performants.

Il y a également un chapitre manquant à ce livre. Ce livre est différent des autres livres traitant de la programmation HTML5 / CSS3.

Il s'agit d'un livre multimédia qui apporte de l'interactivité entre vous et moi.

Pour consulter le chapitre manquant rendez-vous à cette adresse :

http://www.programmation-facile.com/chapitre-hcb

Vous recevrez l'ensemble des codes source de ce livre, classés par chapitre. Vous aurez accès à un contenu complémentaire au livre pour aller plus loin dans la conception de sites web performants.

Et l'avantage, c'est que vous pourrez me poser toutes vos questions techniques sur HTML5 / CSS3 / BootStrap 3.

Tout un programme dans ce livre multimédia !

Attaquons tout de suite avec le premier chapitre !

PRÉFACE

...

Introduction

Aujourd'hui, impossible de se passer d'Internet ! C'est le média incontournable pour bon nombre de personnes et d'entreprises.

Il est donc important que l'utilisateur trouve toutes les informations dont il a besoin sur votre site, qu'il ait accès rapidement et facilement aux éléments qu'il recherche, qu'il puisse remplir des formulaires ergonomiques et bien pensés et qu'il ne rencontre pas d'erreurs incompréhensibles.

Il faut également que votre site soit maintenable et évolutif. Car si vous faites un super site, mais que vous ne savez plus où se trouve tel ou tel champ, impossible de le modifier. C'est la même chose pour la mise en page générale, si vous faites une super présentation mais que vous vous rendez compte qu'il y a un problème avec un navigateur par exemple, il ne faut pas avoir à refaire toutes les pages pour autant.

Votre site doit également faire face aux besoins d'aujourd'hui et de demain. En particulier, il doit s'adapter aux différents périphériques auxquels votre utilisateur a accès : ordinateur de bureau, mais aussi smartphones, tablettes et télévisions. Votre code ne doit pas s'alourdir pour autant, encore moins être dupliqué pour afficher un site particulier pour chacun de ces périphériques. Désormais, il est possible de faire bien mieux !

Pour toutes ces raisons, nous vous proposons ce livre, découpé

INTRODUCTION

en trois parties. Nous ne traiterons pas le traitement des données, ni comment vous les récupérez. Pour cela, vous pouvez regarder nos autres cours sur Javascript, PHP et MySQL.

La première partie présentera le codage HTML 5 pour l'affichage de vos pages web, le traitement des données pour les afficher à l'utilisateur, et la structure générale que doivent posséder ces pages. Nous verrons aussi les nouveautés apportées par HTML 5.

La seconde partie abordera la question du rendu graphique et se tournera côté utilisateur. Il s'agira de voir comment CSS3 peut répondre aux différents besoins, et de voir comment organiser votre code et améliorer les performances de votre site.

La dernière partie se concentrera sur le framework BootStrap 3. Comment ce framework peut vous permettre de répondre à la question de l'évolutivité de votre site, ainsi qu'au rendu sur différents périphériques. C'est un framework CSS qui vous permet de construire rapidement et efficacement le rendu graphique de votre site.

Pour chaque chapitre, vous pourrez recevoir le code source (dans le chapitre manquant) et vous pourrez déposer vos commentaires et questions sur le site privé qui accompagne ce livre multimédia.

Bonne lecture !

INTRODUCTION

DANS VINGT ANS VOUS
SEREZ PLUS DÉÇUS PAR LES
CHOSES QUE VOUS
N'AVEZ PAS FAITES QUE PAR
CELLES QUE VOUS AVEZ
FAITES. ALORS SORTEZ DES SENTIERS
BATTUS. METTEZ LES VOILES.
EXPLOREZ. RÊVEZ. DÉCOUVREZ.

— MARK TWAIN

1ère partie.
HTML5

———— ♦ ————

Que vous connaissiez ou non HTML, ce langage est dédié à l'affichage de pages web. Dans cette première partie, vous trouverez tous les éléments nécessaires pour commencer votre site.

Ainsi, vous verrez comment créer votre première page, les éléments importants et ceux qui vous aideront à communiquer les informations dont votre utilisateur a besoin.

Nous verrons comment a évolué HTML entre les versions 4 et 5, les simplifications qui ont été apportées, les améliorations, etc.

Gardez à l'esprit que le code HTML que vous implémentez sera interprété par le navigateur de l'utilisateur. Par conséquent, le code que vous tapez peut avoir un rendu ou un comportement différent selon le navigateur. C'est d'autant plus vrai que la balise ou l'attribut n'est pas vital, par exemple s'il ne sert pas de contrôle ou que sa non-utilisation ne provoquera pas une erreur fatale. Mais vous pouvez avoir des surprises.

Donc testez votre code sur tous les navigateurs, au minimum les trois plus importants de votre marché, pour vous et votre public.

1ÈRE PARTIE. HTML5

APPAREMMENT IL N'Y A RIEN QUI SOIT IMPOSSIBLE AUJOURD'HUI

— MARK TWAIN

CHAPITRE 1.
Créer une page HTML5

———— ♦ ————

Vous allez tout savoir ou presque pour utiliser les nouvelles possibilités d'HTML5. Ce premier chapitre vous apprend comment créer une page HTML5.

Le doctype

C'est parti pour la découverte de HTML 5, et des nouvelles balises.

Comment ça fonctionne ? Comment l'utiliser ?

Il faut savoir que HTML 5 à simplifier beaucoup de choses par rapport à HTML 4.

Le doctype, c'est-à-dire la toute première balise de votre page, est unique et très simple :

```
<!DOCTYPE html>
```

Voilà, c'est tout, donc vraiment très facile.

La balise HTML

Ensuite juste en-dessous, vous avez la balise HTML qui vient, donc qui indique au navigateur, qu'il s'agit d'un document HTML.

Il faut savoir que la balise HTML est l'élément le plus haut à

CRÉER UNE PAGE HTML5

la racine du document : vous mettez doctype HTML, pour HTML 5, ensuite votre balise HTML, et vous pouvez spécifier la langue de votre document HTML.

Exemple :

```
<html lang="fr">
```

Ici, il s'agit de la langue FR pour le français.

Ensuite, juste en-dessous, il y a la balise d'en-tête du document, head que vous connaissez sûrement, elle se situe juste après la balise HTML.

L'en-tête du document

La balise head, l'en-tête du document, contient plusieurs informations sur le document : par exemple, le titre du document avec la balise title ; l'appel à des feuilles de style CSS pour le design de votre site Internet ; des fonctions ou des liens vers des fichiers JavaScript ; des informations diverses pour les moteurs de recherche, et des informations diverses pour les navigateurs.

Vous avez également les balises méta qui contiennent l'encodage, la description de la page, les mots clés, le nom de l'auteur, le copyright etc.

Plusieurs informations qui renseignent la page HTML, à destination des moteurs recherches ou du navigateur.

Exemple :

```
<head>
  <title>HTML5</title>
</head>
```

CRÉER UNE PAGE HTML5

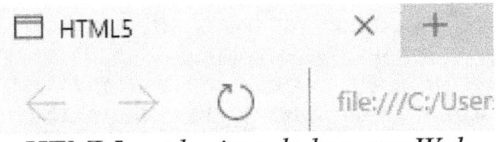

HTML5 est le titre de la page Web

Pour appeler un code JavaScript, c'est encore plus simple, il suffit d'utiliser la balise script, c'est encore plus simple qu'avec HTML 4.

C'est identique pour l'appel des feuilles de style CSS. Cela a encore été simplifié juste avec la balise style, c'est vraiment très simple, pour créer un document HTML 5, grâce à ces nouvelles balises, tout a été simplifié.

L'encodage (le charset) du document

Ensuite, vous pouvez définir l'encodage de votre document, la façon dont vont être convertis et affichés les caractères dans une page HTML. Notamment les caractères spéciaux et caractères accentués, ou encore les symboles euro, dollar, etc.

Exemple :

```
<head>
  <meta charset="UTF-8">
</head>
```

Vous avez l'encodage ASCII, c'est un jeu de caractères très basiques, très anciens ; ISO-8859-1, c'est une extension de l'encodage ASCII, très utilisé en Europe parce qu'il contient les caractères latins, les signes de ponctuation, et les symboles.

Et ensuite vous avez ISO-8859-15, c'est une version actualisée de l'ISO-8859-1, qui comprend entre autres le € supplémentaire.

CRÉER UNE PAGE HTML5

Et le dernier encodage que vous allez utiliser et que je vous conseille très fortement, c'est l'UTF-8.

C'est un format de caractères, de codage de caractères conçu pour plusieurs langues, pour prendre en compte les caractères de plusieurs langues, son principal avantage est qu'il contient des milliers de caractères de différentes langues, qui vous permettent de créer des sites Internet multilingues Français, Chinois, Arabe, tout ce que vous pouvez imaginer.

C'est pour ça que je vous conseille d'utiliser l'encodage UTF-8. Généralement vous verrez l'encodage ISO-8859-15, mais petit à petit les sites Internet basculent vers l'UTF-8, c'est ce que je vous conseille.

Le document HTML

Le premier document que vous allez créer en utilisant HTML 5, si vous ne connaissez pas, contiendra le doctype, la balise HTML avec la langue du site internet, donc FR, head pour mettre l'en-tête du document, la balise title pour définir un titre de document, meta charset pour l'encodage des caractères utilisés dans la page, on ferme la balise head.

L'en-tête fermé, vous passez à la balise body, et c'est là que vous allez mettre l'ensemble de votre texte, les images de votre page HTML, et ensuite vous fermez la balise HTML.

Soit au final :

```html
<!DOCTYPE html>
<html lang="fr">

<head>
 <title>Le titre de votre page</title>
 <meta charset="UTF-8" />
</head>
```

CRÉER UNE PAGE HTML5

```
<body>
Ici, vous mettez le contenu de votre page
</body>
</html>
```

Résumé du chapitre

HTML5 a simplifié la structure de base d'une page en limitant les options. Créez rapidement votre première page Web à partir de l'exemple de ce chapitre.

CRÉER UNE PAGE HTML5

Notes

CRÉER UNE PAGE HTML5

CHAPITRE 2.
Mettre en forme votre texte avec HTML5

―――――― ♦ ――――――

Dans ce nouveau chapitre, vous allez apprendre à mettre en forme vos textes avec les nouvelles balises HTML 5. Ici, il s'agit uniquement de la mise en forme de données particulières, c'est-à-dire quand vous voulez ponctuellement modifier la mise en forme des données ou du texte.

Le saut de ligne

C'est comme avant, vous connaissez sûrement le saut de ligne. Pour effectuer un saut de ligne, c'est très simple il suffit d'utiliser la balise :

```
<br />
```

Remarquez un truc nouveau dans la balise <br />, vous avez une barre oblique, un slash à la fin, ça permet de respecter les normes du W3C ; certains développeurs ne mettent pas la barre, sachez que les deux écritures fonctionnent, vous pouvez écrire <br>, ou <br />.

Je vous conseille de mettre le slash, comme pour toute autre balise HTML. L'espace entre le nom de la balise et le slash est facultatif également, c'est une habitude de codage et un moyen de distinguer la balise. C'est aussi comme cela que formate automatiquement certains logiciels de développement.

METTRE EN FORME VOTRE TEXTE AVEC HTML5

Exemple :

```
Texte sur la première ligne<br />Puis un autre sur la seconde
```

Les deux textes seront affichés sur deux lignes différentes.

Passez à la ligne après une balise <br />, ça permet de se repérer dans le document. Vous noterez donc que ce n'est pas parce que vous passez à la ligne dans votre document que cela s'affichera ainsi pour l'utilisateur : il faut spécifier la balise <br /> pour cela.

```
<b>HTML5</b> sur la première           HTML5 sur la première ligne
ligne <br /><br />
<b>CSS</b> sur la deuxième ligne !<br /><br />   CSS sur la deuxième ligne !
```

Exemples de passage à la ligne en HTML

Texte en gras

Pour mettre un texte en gras, bold en anglais, il suffit d'utiliser la balise <b> : une balise <b> ouvrante, votre texte, puis une balise </b> fermante (avec le slash).

Exemple :

```
<b>Votre texte en gras</b>
```

Texte en italique

Ensuite pour mettre votre texte en italique, c'est exactement le même principe que pour mettre votre texte en gras, sauf que vous allez utiliser la balise <i> pour italique (ou italic en anglais), et votre texte entre les deux balises <i> et </i>.

METTRE EN FORME VOTRE TEXTE AVEC HTML5

Exemple :

```
<i>Votre texte en italique</i>
```

Vous pouvez cumuler plusieurs balises HTML, i pour italique, b pour gras.

Exemple :

```
<b>Votre texte en gras et en <i>italique</i></b>
```

Seul "italique" sera écrit en italique mais toute la phrase sera en gras.

Texte en exposant et en indice

Vous pouvez mettre du texte en exposant ou en indice, donc pour mettre vos textes en exposant, vous utiliser la balise sup, pour 10 puissance 2 par exemple, et la balise sub pour mettre votre texte en indice.

Exemples :

```
(a + b)<sup>2</sup> = a<sup>2</sup> + 2ab + b<sup>2</sup>
H<sub>2</sub>O
```

$$(a+b)^2 = a^2 + 2ab + b^2$$
$$H_2O$$

Le résultat d'un texte avec exposant et indice

Texte barré

Vous pouvez également afficher du texte barré, comme dans les éditeurs de texte, comme Word, OpenOffice, Libre Office. Il suffit d'utiliser la balise del dans votre texte.

METTRE EN FORME VOTRE TEXTE AVEC HTML5

Exemple :

```
<del>Ce texte sera barré</del>
```

```
<del>CSS</del> sur la deuxième ligne ! <br /><br>
```
C̶S̶S̶ sur la deuxième ligne !

Exemple de texte barré

Les commentaires avec HTML 5

Vous pouvez également ajouter des commentaires en HTML 5. Il faut savoir que vos commentaires HTML 5 seront visibles dans le code de la page. Quand votre site web va s'afficher sur Internet, les visiteurs de votre site pourront voir le code source, et ils verront vos commentaires HTML 5, donc faites attention à ce que vous mettez dans vos commentaires.

Il suffit d'utiliser la balise <!-- suivie de votre commentaire, éventuellement vous pouvez faire des sauts de lignes et tout ce que vous voulez dans votre commentaire, ensuite fermez votre commentaire avec -->.

Exemple :

```
<!-- Ce texte sera en commentaire
ainsi que cette ligne-là et jusqu'ici -->
```

Globalement, vous pouvez utiliser les commentaires dans une page HTML 5 pour repérer les zones dans votre document et indiquer à quoi elles servent. Ayez toujours en tête que vos visiteurs, vos internautes, peuvent les lire, donc ne mettez pas de données sensibles, de mots de passe, pas d'éléments importants dans vos commentaires HTML.

Les caractères spéciaux

METTRE EN FORME VOTRE TEXTE AVEC HTML5

Vous avez les caractères spéciaux comme les signes <, > qui peuvent être confondus avec une balise, et à certains endroits les guillemets avec les attributs d'une balise, et le signe & pour le début d'une réponse de caractères.

Donc ces caractères spéciaux, vous devez les encoder pour que HTML 5 ne les interprète pas.

```
< deviendra &lt;
> deviendra &gt;
& deviendra &amp;
```

La balise <i> ... </i> met du texte en italique. | La balise <i> ... </i> met du texte en italique.

Pour afficher <i>, il faut taper le code <i>

Résumé du chapitre

Les balises HTML vous permettent de simplement mettre en forme votre texte, certaines vous ont été présentées dans ce chapitre. Toutes les balises s'utilisent de la même manière : <balise>votre texte</balise>. Le langage HTML étant interprété, les caractères spéciaux doivent être encodés.

METTRE EN FORME VOTRE TEXTE AVEC HTML5

Notes

METTRE EN FORME VOTRE TEXTE AVEC HTML5

CHAPITRE 3.
Définir les titres, citations, listes et les paragraphes

———————— ♦ ————————

Définissez la structure de votre page HTML avec des titres, des citations, des listes à puces, des paragraphes...

Les titres

C'est très important d'organiser et de structurer votre code source correctement, cela va vous permettre de vous y retrouvez beaucoup plus facilement quand vous reviendrez sur votre code plus tard, par exemple pour rajouter des nouveaux éléments dans votre page web.

Apprenez à structurer correctement votre document aussi pour le référencement. Les moteurs de recherche comme Google, Yahoo, Bing, en tiennent compte.

Il faut savoir que HTML 5 propose 6 tailles de caractères pour les titres que vous pouvez utiliser. Il suffit d'utiliser la balise H suivi du numéro du type. Un, c'est le numéro le plus grand et jusqu'à six, le plus petit, donc H1 grands titres, sous-titres, sous sous-titres, petit petit titre, à H6 titres de niveau 6.

Exemple :

```
<h1>Titre de niveau 1</h1>
<h2>Titre de niveau 2, donc plus petit</h2>
<h3>Titre de niveau 3</h3>
```

DÉFINIR LES TITRES, CITATIONS, LISTES ET LES PARAGRAPHES

```
<h4>Titre de niveau 4</h4>
<h5>Titre de niveau 5</h5>
<h6>Titre de niveau 6, beaucoup plus petit</h6>
```

Titre de niveau 1

Titre de niveau 2

Titre de niveau 3

Titre de niveau 4

Titre de niveau 5

Titre de niveau 6

Présentation des titres H1 à H6. Le style H1 fait l'objet d'une spécialisation CSS pour mettre en couleur, les autres attributs ne sont pas modifiés

Les paragraphes

Vous avez également les paragraphes, comme dans les livres que vous lisez, un contenu de texte est plus facilement lisible, digeste pour l'internaute, pour votre visiteur avec des paragraphes. La balise paragraphe c'est p, et chaque paragraphe sera séparé par un saut de ligne avant et après le texte pour bien l'identifier.

Exemple :

```
<p>Premier paragraphe</p>
```

DÉFINIR LES TITRES, CITATIONS, LISTES ET LES PARAGRAPHES

```
<p>Deuxième paragraphe qui sera bien séparé du
premier à l'affichage</p>
```

Premier paragraphe avec beaucoup de texte. Le L‹ impression

Deuxième paragraphe avec beaucoup de texte. Le impression.

Les deux paragraphes sont séparés visuellement par un espace

Les citations

Vous pouvez également définir des blocs de citations tout simplement en utilisant la balise blockquote, qui va vous permettre de citer vos internautes. Par exemple, lorsqu'ils vous laissent des témoignages, qu'ils vous expliquent ce qu'ils ont appréciédans votre site Internet.

Vous pouvez aussi utiliser la balise blockquote pour mettre un slogan, et cela va créer un bloc de citation. Ce bloc est souvent utilisé dans les blocs WordPress pour les citations, pensez à l'utiliser.

En combinant la balise blockquote avec du CSS, comme vous le verrez dans la deuxième partie de livre multimédia, vous allez pouvoir mettre non seulement le titre, le texte en valeur grâce à la balise HTML, mais aussi grâce au CSS, le mettre en couleur, le mettre avec une taille différente, en italique etc.

Exemple :

```
<blockquote>Créez des applications performantes
dans votre langage de programmation.</blockquote>
```

DÉFINIR LES TITRES, CITATIONS, LISTES ET LES PARAGRAPHES

Exemple de citation

Les séparateurs horizontaux

Vous pouvez également rajouter des séparateurs horizontaux pour différencier des pages, différencier des contenus dans votre page. Utilisez la balise hr pour créer un séparateur horizontal.

Exemple :

```
<hr />
```

Exemple d'utilisation du séparateur horizontal

Par rapport aux anciennes normes HTML, la balise HR évolue. Il était possible d'ajouter des attributs de présentation auparavant, mais ce n'est plus possible (enfin, ils ne seront pas pris en compte). Si vous voulez personnaliser votre barre horizontale, il vous faudra passer par une feuille de style CSS.

Les listes numérotées

Vous pouvez créer des listes numérotées, vous les verrez très souvent, et vous allez vous aussi les utiliser très souvent.

Vous allez, pour définir une liste, utiliser la balise ol et pour mettre des éléments dans cette liste vous utilisez la balise li et automatiquement cela va numéroter votre liste.

DÉFINIR LES TITRES, CITATIONS, LISTES ET LES PARAGRAPHES

Exemple :

```
<ol>
 <li>ActionScript</li>
 <li>JavaScript</li>
 <li>PHP</li>
 <li>HTML5</li>
</ol>
```

Les langages web :

1. ActionScript
2. JavaScript
3. PHP
4. HTML5

Exemple de liste numérotée

Dans cet exemple, des langages Web sont listés : vous ouvrez la balise ol pour créer une liste, puis vous ajoutez les éléments. Vous renseignez ActionScript, JavaScript, PHP, HTML 5, et chaque texte entre une balise li, cela va créer un nouvel élément dans votre liste numérotée. Pensez à fermer votre liste avec la balise </ol> juste à la fin, et voilà vous avez créé votre première liste numérotée !

Vous avez également les listes classiques avec des puces, des cercles... Grâce au CSS, vous pouvez choisir, soit un cercle, soit un carré, soit un losange, soit une image, mais vous verrez tout cela dans la deuxième partie de ce livre.

Exemple de liste classique, non numérotée :

```
<ul>
 <li>ActionScript</li>
 <li>JavaScript</li>
 <li>PHP</li>
```

DÉFINIR LES TITRES, CITATIONS, LISTES ET LES PARAGRAPHES

```
<li>HTML5</li>
</ul>
```

Les langages web :

- ActionScript
- JavaScript
- PHP
- HTML5

Exemple de liste à puces

La seule différence est donc la balise d'ouverture de la liste : <ul> et non plus <ol> (pour respectivement unordered et ordered list en anglais).

Les listes imbriquées

Vous pouvez créer des listes imbriquées, autrement dit vous ouvrez une liste avec la balise ul, vous mettez des éléments, et vous pouvez très bien ouvrir une deuxième liste avec la balise ol, mettre des éléments et fermer vos listes ul, ol.

Exemple :

```
<ol>
<li>Les titres</li>

<li>Les listes des langages
<ul>
<li>ActionScript</li>
<li>JavaScript</li>
<li>HTML5</li>
</ul>
</li>
</ol>
```

DÉFINIR LES TITRES, CITATIONS, LISTES ET LES PARAGRAPHES

Les langages web :

1. Les titres
2. Les listes des langages
   - ActionScript
   - JavaScript
   - PHP
   - HTML5

Exemple de listes imbriquées

Sur cet exemple, les langages Web avec les titres, la liste des langages, vous ouvrez la balise ol, vous mettez li pour un élément dans la liste, li pour un deuxième élément dans la liste et ensuite vous ouvrez une balise ul, donc cela ouvre une deuxième liste et vous rajoutez des éléments li ActionScript, JavaScript, HTML 5.

Puis vous fermez la deuxième liste ul, vous fermez l'élément li, parce que ça, c'est un élément de la liste des langages, vous fermez cet élément et vous fermez la liste principale.

Donc là, vous devez être très rigoureux, vous ouvrez une balise, vous rajoutez des éléments, vous ouvrez une deuxième liste, vous rajoutez des éléments, vous fermez la deuxième liste, vous fermez les éléments et vous fermez la liste principale. L'indentation vous aide grandement à conserver cette rigueur.

Résumé du chapitre

Le contenu de votre page Web peut lui aussi être structuré grâce à des balises. Ce sont souvent les mêmes que l'on retrouve, donc vous les maîtriserez rapidement si ce n'est pas encore le cas. De plus, elles peuvent en général être placées n'importe où, en particulier à l'intérieur d'autres balises.

DÉFINIR LES TITRES, CITATIONS, LISTES ET LES PARAGRAPHES

DÉFINIR LES TITRES, CITATIONS, LISTES ET LES PARAGRAPHES

Notes

DÉFINIR LES TITRES, CITATIONS, LISTES ET LES PARAGRAPHES

> IL N'Y A AU MONDE QUE DEUX MANIÈRES DE S'ÉLEVER, OU PAR SA PROPRE INDUSTRIE, OU PAR L'IMBÉCILLITÉ DES AUTRES.
>
> — JEAN DE LA BRUYÈRE

CHAPITRE 4.
Créer des liens HTML5

Les liens sont une composante essentielle sur les sites web ! Et il en existe de plusieurs types en fonction du document vers lequel il pointe : page Internet, fichier, mail, etc.

L'ajout d'un lien

Pour définir un lien, il suffit d'utiliser la balise <a>, dans laquelle vous mettez le texte du lien :

```
Ce texte n'est pas le lien, <a>mais celui-là, oui</a>
```

Et après vous avez des attributs à mettre dans cette balise :

Vous avez l'attribut href qui définit l'URL cible du lien, donc la page du site Internet que vous ciblez, ou le fichier que vous ciblez avec le lien.

hreflang, très rarement utilisé, définit la langue du document cible, si celle-là est différente du document de départ c'est-à-dire si vous avez défini votre document HTML 5 en français, pas besoin d'utiliser la balise hreflang si vous renvoyez toujours sur des sites français, par contre si vous renvoyez sur un site avec un contenu en anglais, vous utilisez cet attribut-là, hreflang pour spécifier EN, pour dire que l'URL de destination pointe sur un

CRÉER DES LIENS HTML5

document en anglais.

<u>ping</u> contient différentes URL, séparées par un espace qui reçoivent une notification lorsque l'utilisateur clique sur le lien. Il s'avère que les blogs de type WordPress les utilisent dans leurs liens, c'est les ping que vous voyez lorsque des internautes font référence à votre article. Cet attribut n'est pas toujours supporté par les navigateurs et l'utilisateur peut le désactiver.

<u>Exemple :</u>

```
<a href="pageCible.htm" id="demo" ping="_ping?url=demo">Texte que l'utilisateur verra</a>
```

Donc vous avez un exemple de création de liens href pageCible.htm, donc là vous renvoyez sur une page du site Internet ; avec ping, par contre, vous informez une autre page Internet que l'utilisateur a cliqué sur le lien, donc le navigateur justement envoie une requête POST à l'URL spécifiée dans l'attribut et c'est très utile, comme je vous l'ai dit, pour les données analytiques d'un site internet, comme ça vous savez par exemple quels sont les sites Internet qui pointent vers votre article, vers votre page HTML.

Vous avez également l'attribut rel qui définit la relation entre le document de départ et le fichier ou le document ciblé par les liens. Vous avez différentes valeurs comme alternate, archives, author, bookmark, contact, etc.

Enfin, avec target vous définissez la façon d'ouvrir la cible du lien : soit vous remplacez la page actuelle (self), soit ça ouvre le lien dans une nouvelle fenêtre ou dans un nouvel onglet du navigateur (_blank). Par exemple si ce n'est pas un document HTML 5, vous allez utiliser ce dernier attribut pour dire, afficher son, afficher image, afficher PDF, ou un autre type de fichier, donc très pratique également.

CRÉER DES LIENS HTML5

Exemple :

```
Accéder à la suite  : <a href="page2.htm" target="_blank">cliquez ici</a>
```

Accéder à la suite : cliquez ici.

file:///C:/Users/Mathieu/OneDrive/Développement%2

Texte suivi d'un lien vers une autre page. Le lien complet s'affiche dans la barre d'état.

Lien vers une page

La balise href peut utiliser un chemin relatif, c'est-à-dire à partir de la page actuelle, pas besoin de donner une adresse complète avec http:// etc.

Pour aller vers un document qui se trouve dans le même répertoire que la page actuelle, vous indiquez uniquement le nom de ce document :

```
<a href="document.htm">Lien vers un document dans le même répertoire</a>
```

Si le document se trouve dans un sous-répertoire, indiquez le nom de ce répertoire, un slash puis le nom du document :

```
<a href="sous_repertoire/document.htm">Lien vers un document dans le même répertoire</a>
```

Enfin, si le document se trouve plus haut dans l'arborescence (vous voulez accéder au répertoire contenant la page actuelle), vous utilisez le raccourci .. puis un slash et le nom du fichier :

```
<a href="../document.htm">Lien vers un document dans le même répertoire</a>
```

CRÉER DES LIENS HTML5

Les liens dans une page

Vous pouvez déclarer une ancre : vous l'avez sûrement vu dans des sites Internet, vous avez une icône avec une flèche qui remonte vers le haut et le lien s'appelle remonter en haut, cela s'appelle une ancre. Vous pouvez définir des ancres dans votre page et vous en servir dans vos liens pour accéder rapidement à un certain endroit de votre document HTML.

Exemple :

```
<body id="haut">
<!-- LE contenu html de votre page-->

<a href="#haut">Remonter en haut</a>
</body>
```

Dans cet exemple, vous définissez une ancre au niveau de votre balise body. Il y a ensuite le contenu (très long !) de votre site Internet et vous mettez un lien à la fin pour remonter au début du document. Ce lien pointe vers votre ancre. Vous noterez alors l'utilisation du symbole # pour établir la référence.

Vous pouvez également utiliser cette ancre en dehors de votre page. Par exemple, vous êtes sur une autre page de votre site, et vous faites référence à un contenu bien particulier d'une autre page :

```
<a href="autrePage.htm#ancre">Accéder au contenu</a>
```

Les liens vers un autre site

Pour accéder à un autre site, indiquez simplement l'adresse de ce site.

CRÉER DES LIENS HTML5

Exemple :

```
<a href="http://www.developpement-
facile.com/">Développement Facile</a>
```

Les liens vers une adresse mail

Vous pouvez mettre des liens qui pointent vers une adresse mail également, qu'est-ce ça fait ?

Dans href, vous mettez le lien mailto: l'adresse mail de l'utilisateur, et qu'est-ce que ça va faire ?

Quand l'utilisateur va cliquer sur ce lien, cela va ouvrir son client mail, ça peut ouvrir Outlook Express, Thunderbird, ou un autre logiciel, en tout cas cela va ouvrir le logiciel de mail par défaut que l'utilisateur utilise sur son ordinateur.

Vous pouvez rajouter un objet au mail avec le paramètre subject, vous pouvez également définir une copie du message, avec le paramètre cc.

Exemples :

```
<a href="mailto:contact@dev-facile.com?
subject=Formation HTML5">Nous contacter</a>
<a href="mailto:contact@dev-facile.com?
cc=matthieu@dev-facile.com">Nous contacter</a>
```

Les liens vers un fichier

Vous pouvez bien évidemment faire des liens vers un fichier. Il suffit de renseigner si le fichier est dans le même répertoire formation.pdf, ça fonctionne exactement comme l'affichage d'une page HTML, ou vous pouvez pointer sur un fichier dans un autre domaine, vous mettez http le nom de domaine.

CRÉER DES LIENS HTML5

Résumé du chapitre

Pour créer vos liens, souvenez-vous de la balise a et de son attribut href. Indiquez ensuite le lien vers l'élément que vous souhaitez, qu'il soit ailleurs sur Internet, dans le même dossier que votre page, dans le dossier supérieur ou dans un dossier fils.

CRÉER DES LIENS HTML5

Notes

CHAPITRE 5.
Utiliser les images avec HTML5

―――――― ♦ ――――――

Voici un des piliers de HTML5, c'est l'utilisation des images.

Les images

La grande majorité des sites Internet possèdent toujours des images, une bannière, un logo, des illustrations avec les articles.

Il faut savoir que les formats JPEG, GIF, et PNG sont pris en compte par les principaux navigateurs Web.

Le format GIF, si vous êtes à peu près du même âge que moi, donc une trentaine d'années, était utilisé au début du web ; rappelez-vous les GIF animés, il y en avait partout de ces gifs animés, plus ou moins jolis, bien évidemment. C'est une compression sans perte, maintenant il faut savoir que le GIF a été remplacé par d'autres formats.

Vous avez le format JPEG qui possède une compression vraiment efficace de 16 millions de couleurs par contre c'est une compression avec perte, suivant la valeur de la compression de votre image, elle s'affiche plus ou moins bien, vous avez une perte de qualité. Par contre, les JPEG ne prennent pas beaucoup de place, c'est leur avantage.

Et vous avez le format PNG qui est de plus en plus utilisé,

UTILISER LES IMAGES AVEC HTML5

parce que non seulement il gère la transparence, mais réunit le meilleur du JPEG et du GIF, donc on peut faire de l'animation avec le PNG, c'est un format ouvert non breveté et qui compresse les images.

Il existe aussi un nouveau format, WebP développé par Google. Il commence à prendre de plus en plus d'importance, l'avantage du format WebP est qu'il réduit la taille des fichiers de 30 pour cent, par rapport au format PNG et sans perte de qualité perceptible. Ce format est voué à se développer, vous allez le voir de plus en plus.

Globalement vous verrez souvent du format PNG et JPEG.

L'ajout d'une image

Pour ajouter une image dans votre document HTML, vous avez la balise img avec différents attributs, les attributs height et width pour définir en pixels respectivement la hauteur et la largeur de l'image.

L'attribut alt contient une description de l'image, vous mettez une description, un texte associé à l'image, qui sera affiché si l'image ne peut pas l'être, par exemple si l'utilisateur a désactivé leur affichage ou dans le cas d'accessibilité, ce texte sera lu aux aveugles.

Exemple :

```
<img src="06-logo.png" width="150" height="150" alt="Logo Dev Facile" />
```

Vous chargez l'image avec l'attribue src, vous mettez le lien vers votre image, si c'est dans le même répertoire c'est comme les fichiers HTML dans le chapitre sur les liens, logo.png ; si c'est dans un autre répertoire vous mettez le nom de l'autre répertoire repertoire/logo.png ou vous pouvez remonter d'un répertoire

UTILISER LES IMAGES AVEC HTML5

../logo.png.

Vous pouvez afficher des images qui sont sur un autre domaine, un autre site Internet que le vôtre, en donnant l'URL complète : http://www.programmation-facile.com/dev-facile.com/logo.png.

Remarquez à la fin le slash, pour fermer la balise image ; comme je vous l'ai dit certains développeurs n'utilisent pas le symbole slash tout à la fin, personnellement je vous conseille de l'utiliser. Votre code sera ainsi valide suivant la norme XHTML pour le WC3.

L'image logo.png sera affichée avec une largeur de 150 pixels et une hauteur de 150.

L'ajout d'un lien sur une image

Vous pouvez également mettre des liens sur une image. Vous l'avez vu souvent dans un site Internet, le header donc la bannière en haut, c'est un lien qui renvoie vers la page d'accueil du site Internet.

Vous mettez votre balise image et autour de votre balise image, vous ouvrez la balise a, href = accueil.php et vous refermez la balise a, après votre balise image, comme vous avez dans l'exemple ci-dessous :

```
<a href="http://www.programmation-facile.com/">
<img src="06-logo.png" width="150" height="150" alt="Logo Dev Facile" style="border: none;" />
</a>
```

La bordure de l'image

Vous pouvez, bien évidemment, rajouter du CSS sur votre image, vous allez le voir dans les prochains chapitres, les balises

UTILISER LES IMAGES AVEC HTML5

CSS 3 permettent de faire des effets de profondeur, des effets d'ombre, des bordures sur votre image.

Dans l'exemple précédent, pour supprimer la bordure sur votre image, il suffit d'utiliser l'attribut style, et vous faites border: none, et là, la bordure de votre image ne va pas s'afficher.

À l'inverse, vous pouvez en mettre une particulière. Sur l'exemple suivant, vous ajoutez une bordure noire avec des tirets :

```
<img src="06-logo.png" width="150" height="150" alt="Logo Dev Facile" style="border:3px dotted black;" />
```

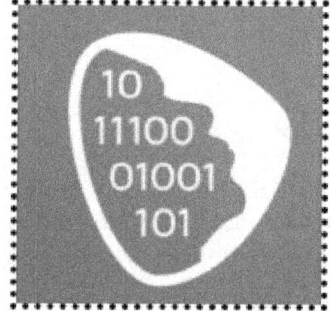

Image avec bordure pointillée

L'ajout d'une couleur en arrière-plan

Vous pouvez ajouter une couleur d'arrière-plan pour votre image. Si vous avez une image png avec une couleur transparente, vous pouvez modifier cette couleur et ajouter la couleur que vous souhaitez.

Par exemple, vous définissez le style, avec background-color et un code couleur en hexadécimal, comme ci-dessous :

```
background-color: #E2A9F3;
```

UTILISER LES IMAGES AVEC HTML5

Image avec arrière-plan

Ainsi, vous pourrez créer une image avec une certaine couleur, de sorte que la taille de l'image soit la plus petite possible (après compression en JPEG, les pixels voisins similaires ne prennent pas de place). Et votre page HTML donnera la couleur voulue lors du chargement. Vous faites ainsi gagner du temps à votre utilisateur, puisque l'image sera téléchargée rapidement.

Vous pouvez également ajouter une image en arrière-plan, vous avez de plus en plus de sites Internet, des blogs WordPress, avec une image en arrière-plan et votre texte qui défile. Vous utilisez background image avec les mêmes règles de chargement d'un fichier que vues précédemment.

Résumé du chapitre

Les images sont ajoutées sur votre page grâce à la balise img qui prend en paramètre le chemin vers votre fichier, comme pour les liens.

Bien que les images soient indispensables à votre site web, n'oubliez pas qu'elles représentent un poids important dans le temps nécessaire à l'affichage de votre site. Nous verrons plus tard comment optimiser la gestion des images, en les

UTILISER LES IMAGES AVEC HTML5

compressant, en utilisant le cache du navigateur, etc.

UTILISER LES IMAGES AVEC HTML5

Notes

UTILISER LES IMAGES AVEC HTML5

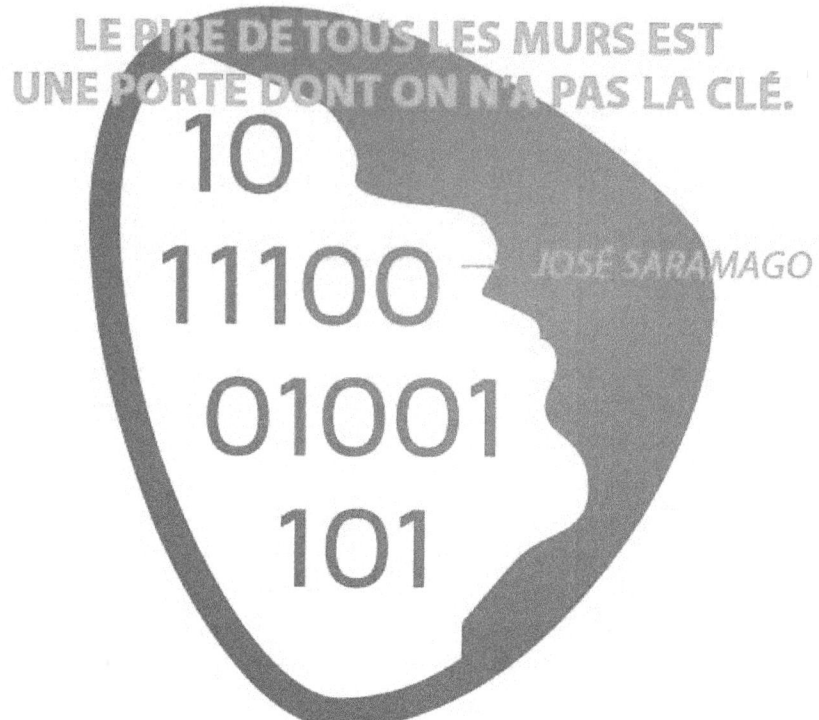

CHAPITRE 6.
Les nouvelles balises HTML5 header section nav footer

De nouvelles balises HTML5 font leur apparition pour simplifier la vie des développeurs.

Vous saurez tout sur les balises header, section, nav et footer à la fin de ce chapitre. Vous avez même des balises moins connues mais pourtant très pratiques comme progress ou mark.

Il faut savoir que ces nouvelles balises sont très utiles au développeur, pour comprendre l'architecture de la page.

Souvent sur les sites Internet complexes, il y a plusieurs développeurs qui travaillent sur des pages différentes, et ils s'échangent les pages en fonction des fonctionnalités ajoutées. Pour se repérer beaucoup plus rapidement, ces nouvelles balises ont été créées et s'ajoutent au même niveau que la balise header avec, par exemple, la bannière, le menu.

Les nouvelles balises HTML5

La balise nav regroupe les éléments d'un menu de navigation, si vous mettez un menu ici, vous le mettez dans la balise nav.

LES NOUVELLES BALISES HTML5 HEADER SECTION NAV FOOTER

Exemple :

```
<nav>

<ul>
<li><a href="">Accueil</a></li>
<li><a href="">Articles</a></li>
<li><a href="">Vidéos</a></li>
<li><a href="">Formations</a></li>
<li><a href="">Contact</a></li>
</ul>

</nav>
```

La balise footer, elle, elle regroupe les éléments du pied de page donc en bas s'il y a un menu nous contacter etc.

Exemple :

```
<footer>
<hr />
<p>Copyright www.Developpement-Facile.com 2014</p>
</footer>
```

Et la balise aside qui indique qu'il s'agit des d'éléments annexes complémentaires au contenu.

Exemple :

```
<aside>

<h3>Anciens Articles</h3>

<ul>
<li><a href="">Août 2013</a></li>
<li><a href="">Juillet 2013</a></li>
<li><a href="">Juin 2013</a></li>
<li><a href="">Mai 2013</a></li>
</ul>

</aside>
```

LES NOUVELLES BALISES HTML5 HEADER SECTION NAV FOOTER

Il faut savoir que le contenu principal est organisé en deux catégories :

Vous avez la balise section qui détermine une partie de contenu de la page qui se rapporte à un thème déterminé.

Et vous avez la balise article qui définit un contenu indépendant du document, qui possède une identité à part : ça peut être l'article d'un blog, un post sur un forum ou un produit dans un site e-commerce.

Les sections pour le thème du site et la balise article pour un contenu indépendant tout simplement, c'est cela que vous devez retenir.

Exemple :

```
<section>

<h1>Titre de l'article de la page</h1>

<article>
<p>Le contenu de l'article</p>

</section>
```

Pensez à utiliser ces balises HTML 5, comme je vous l'ai dit, cela va vous permettre d'organiser votre page HTML, et qu'elle soit compréhensible par d'autres développeurs. Elles ne servent principalement qu'à ça, car par défaut, elles ne modifient pas l'affichage.

La balise hgroup peut contenir un groupe de balises h, donc si vous définissez une balise h1 avec le titre de l'article, une balise h2 avec les sous-titres, mettez-les dans une balise hgroup.

Vous avez également la balise mark qui met en surligné sur fond jaune du texte, ça permet de mettre du texte en valeur avec le surlignage jaune, tout simplement.

LES NOUVELLES BALISES HTML5 HEADER SECTION NAV FOOTER

Vous avez aussi la nouvelle balise HTML 5 progress, qui vous permet de créer une barre de chargement. En principe, vous combinez cette balise avec du JavaScript, cela vous permet de mettre à jour l'état d'avancement en direct pour les visiteurs.

Vous avez deux attributs : l'attribut value pour indiquer la valeur de la progression en pourcentage et l'attribut max pour donner le maximum atteignable en pourcentage, tout en sachant qu'en principe il s'utilise de 0 à 100 % donc max sera toujours à 100, pour 100 %.

Votre balise progress et la balise value seront mises à jour automatiquement en JavaScript, avec le nombre. C'est très intéressant pour mettre un peu d'interaction sur votre site Internet.

Si lorsque vous mettez HTLM 5, vous rechargez uniquement des parties d'une certaine page Web, pensez à mettre une barre de progression, comme ça à l'utilisateur sait qu'il doit patienter. Et au lieu qu'il ferme la page directement en disant « ah ça bug j'ai cliqué sur le lien, le contenu ne s'affiche pas », il va voir la progression et il va patienter, attendre que le contenu s'affiche.

Vous avez également la balise figure qui est utilisée pour regrouper des illustrations comme des vidéos, des images et du texte. La balise figure et la balise figcaption qui va avec, qui fournit une légende aux éléments regroupés, permet d'ajouter plusieurs images, par exemple l'image logo1, l'image logo2, et figcaption permet d'ajouter une légende pour ces deux images.

Ces deux balises vous seront très utiles.

Exemple :

```
<figure>

<img src="logo1.jpg" alt="Texte alternatif" />
<img src="logo2.jpg" alt="Texte alternatif" />
<figcaption>Légende pour les deux
```

LES NOUVELLES BALISES HTML5 HEADER SECTION NAV FOOTER

```
photos</figcaption>
```

```
</figure>
```

Résumé du chapitre

Nous avons vu ici les premières étapes pour améliorer la maintenance et l'évolutivité de votre site, grâce à des balises HTML 5 permettant d'organiser le code.

Nous avons également vu des nouvelles balises qui vous permettent de mieux interagir avec votre utilisateur. Nous reparlerons plus tard de la balise nav, qui permet de déclarer votre menu de navigation.

LES NOUVELLES BALISES HTML5 HEADER SECTION NAV FOOTER

Notes

....
....
....
....
....
....
....
....
....
....
....
....
....
....
....
....
....
....
....

LES NOUVELLES BALISES HTML5 HEADER SECTION NAV FOOTER

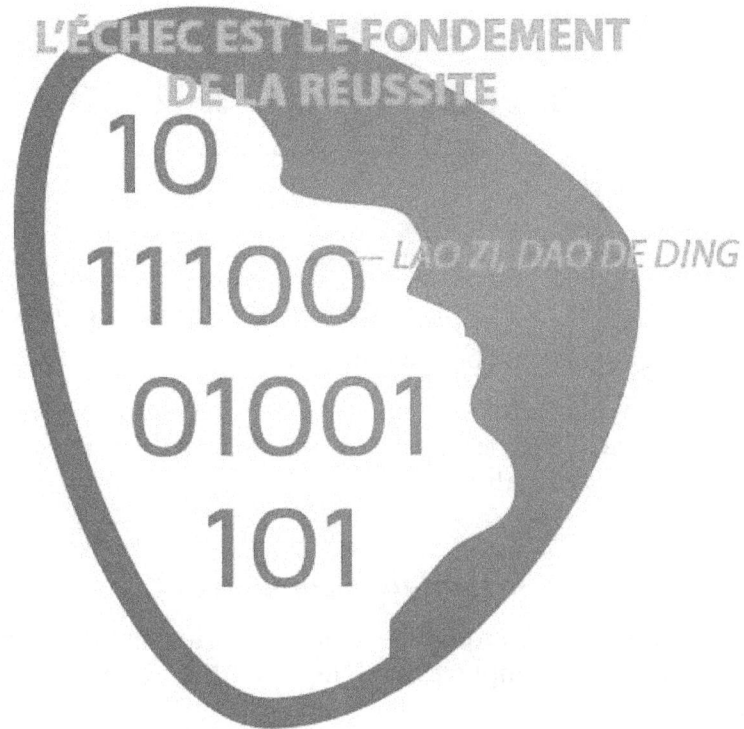

CHAPITRE 7.
Utiliser les formulaires HTML5

Avec HTML5, la création et l'utilisation d'un formulaire deviennent simples comme bonjour.

Il y a plusieurs options d'auto-complétion, de vérification automatique de la saisie d'une adresse mail, d'une url et bien d'autres fonctionnalités encore...

Organisez vos formulaires complexes

L'avantage c'est que vous allez pouvoir créer des formulaires de plus en plus complexes avec une lisibilité exemplaire.

Il sera très facile pour vous d'ajouter de nouvelles fonctionnalités, ajouter un champ texte, rendre des champs obligatoires, obliger l'utilisateur à ne saisir que des chiffres dans un champ, tout ça est possible grâce aux nouveaux formulaires HTML 5.

Pour créer un formulaire, vous utilisez comme en HTML 4 la balise form, il n'y a pas de nouveautés ici :

```
<form>...</form>
```

Avec les formulaires complexes, il est très utile de regrouper certains éléments pour mieux les organiser dans la page.

UTILISER LES FORMULAIRES HTML5

Par exemple vous regroupez dans un fieldset, les champs pour un client, saisir votre adresse, nom, prénom, ville, code postal, pays, vous avez un autre champ, votre commande, le nombre de formations que vous souhaitez, l'intitulé etc. dans une autre balise fieldset.

Exemple :

```
<form>

<fieldset style="width:220px;">
<legend>Cochez les langages web</legend>
<input type="checkbox" name="as">ActionScript<br />
<input type="checkbox" name="js">JavaScript<br />
<input type="checkbox" name="asm">Assembleur<br />
</fieldset>

<br /><br />

<fieldset style="width:220px;">
<legend>Cochez les langages objet</legend>
<input type="checkbox" name="asm">Assembleur<br />
<input type="checkbox" name="php">PHP<br />
<input type="checkbox" name="html">HTML5<br />
</fieldset>

</form>
```

UTILISER LES FORMULAIRES HTML5

Cochez les langages web
☐ ActionScript
☐ JavaScript
☐ Assembleur

Cochez les langages objet
☐ Assembleur
☐ PHP
☐ HTML5

Les balises fieldset permettent de regrouper des éléments de votre formulaire

Vous avez les balises fieldset et legend qui permettent grandement d'améliorer la lisibilité des formulaires. Cela permet de regrouper les champs des formulaires avec une bordure et un titre. La balise legend ça permet de créer le titre, elle se place juste derrière la balise fieldset.

Dans l'exemple, vous créez un bloc qui va contenir des cases à cocher ActionScript, JavaScript, Assembleur, et vous mettez une légende, une sorte d'intitulé de la boîte, "cochez les langages Web". Ensuite, vous créez un autre fieldset, une légende "cochez les langages objets", et des cases à cocher.

Voilà comment utiliser les très utiles fieldset et legend. Quand vous avez des grands formulaires avec beaucoup de champs, que l'utilisateur doit remplir. Cela va simplifier la vie de votre utilisateur et rendre votre site Internet beaucoup plus ergonomique.

UTILISER LES FORMULAIRES HTML5

Suggestion via un champ texte

Vous avez également la balise datalist qui permet d'ouvrir une liste de suggestions, un peu comme Google quand vous commencez à taper un mot clé, cela le complète automatiquement.

Il suffit d'utiliser la balise datalist avec des balises options, qui reprennent toutes les suggestions que vous souhaitez proposer à votre internaute. Il faut savoir que la balise datalist est reliée à un champ de formulaire par un identifiant id, qui renvoie l'attribut liste de celui-ci.

Exemple :

```
Choisissez un langage :

<input type="text" list="langages" />
<datalist id="langages">

<option value="ActionScript" />
<option value="JavaScript" />
<option value="PHP" />
<option value="html" />

</datalist>
```

Choisissez un langage : [ActionScript / JavaScript / PHP / html]

Exemple de suggestion via un champ texte

Le champ input fait donc référence à la datalist langages grâce à l'identifiant de la liste.

Attention cependant, la liste n'est pas contraignante, donc

UTILISER LES FORMULAIRES HTML5

l'utilisateur pourra quand même taper n'importe quoi dans le champ, c'est à vous de vérifier si la valeur est cohérente ou non.

Vérifier une adresse mail

Avant, rappelez-vous : si vous utilisiez des formulaires couplés à JavaScript, au moment de soumettre le formulaire, quand l'utilisateur cliquait sur submit, vous deviez appeler une fonction JavaScript qui vérifie si l'adresse mail est valide ; là, vous pouvez, grâce à HTML 5, le faire directement par le champ lui-même, en mettre type = email comme attribut de la balise input, cela va se vérifier tout seul.

Accessoirement, renseigner un type précis, contrairement au type classique text, permet de proposer un clavier spécifique à l'utilisateur. Dans le cas du type email, l'utilisateur se verra alors proposer le symbole @ sans qu'il ait à trouver la touche symbole. Cela est très pratique avec les écrans tactiles.

Exemple :

```
<form action="" autocomplete="on">
<input type="email" name="mail" required>
<input type="submit"> <input type="reset">
</form>
```

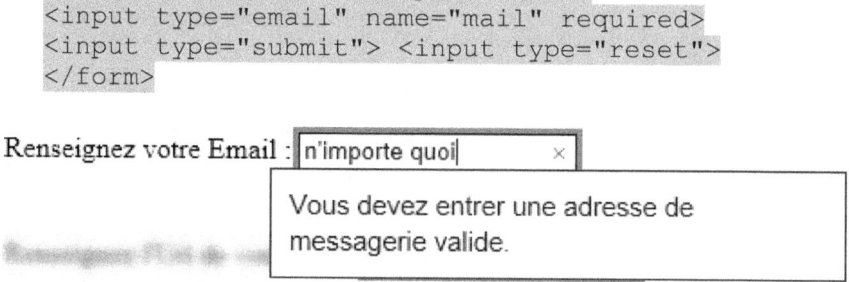

Lors de la soumission, le champ email est vérifié

Voici un exemple de formulaire qui vérifie l'adresse mail directement grâce à la balise HTML 5 : vous faites un input type = email.

UTILISER LES FORMULAIRES HTML5

Vous mettez <u>required</u>, cela signifie que le champ est obligatoirement à renseigner pour l'utilisateur. Très pratique ces nouvelles balises HTML 5, elles sont vraiment géniales !

L'attribut <u>autocomplete</u> propose de compléter automatiquement la ligne du formulaire à partir de l'adresse mail de l'internaute. Quand vous remplissez des formulaires sur Internet, votre navigateur Google Chrome, FireFox ou Opera, il enregistre ces données, et avec l'attribut autocomplete, cela évite à l'utilisateur d'avoir à ressaisir toutes ces informations dans les champs, nom, prénom, adresse mail, adresse, téléphone.

Ces données sont saisies tout le temps, c'est souvent les mêmes, dans les différents formulaires des sites Internet. Grâce à cet attribut-là, cela évite à l'utilisateur de compléter les champs. Ils sont complétés, automatiquement, très pratique, un gain de temps très appréciable pour les utilisateurs.

Vous pouvez effectuer la même chose avec l'attribut type = URL, cela permet de vérifier si l'adresse saisie est correcte, c'est exactement le même principe de fonctionnement que l'email.

Résumé du chapitre

HTML 5 agrémente les formulaires de nouvelles balises qui vous permettent petit à petit de vous passer de JavaScript et d'offrir à votre utilisateur un certain confort.

Ces balises et leurs nouveaux attributs permettent également de simplifier le code et de laisser le navigateur faire certaines vérifications avant la soumission du formulaire.

Commencez par créer les formulaires avec ces nouvelles options HTML 5, vous allez voir, cela va vous simplifier la vie.

UTILISER LES FORMULAIRES HTML5

Notes

....
....
....
....
....
....
....
....
....
....
....
....
....
....
....
....
....
....
....

UTILISER LES FORMULAIRES HTML5

CHAPITRE 8.
3 techniques pour les nouveaux formulaires HTML5

───────── ♦ ─────────

Et voici la suite du chapitre précédent pour utiliser tout le potentiel des formulaires HTML5. Les champs date, année, mois... vous seront très utiles !

Un champ au format numérique

Vous avez dans les nouvelles balises HTML 5, input type = number, cela vous permet de vérifier automatiquement que l'utilisateur saisit des nombres. C'est un champ numérique, très pratique pour récupérer le numéro de téléphone d'un utilisateur. Au moins vous êtes sûr qu'il ne rentre que des nombres, 06 68 14 etc.

Vous avez plusieurs attributs pour ce type : min pour donner la valeur minimale du champ, max pour la valeur maximale, step pour le pas d'avancement à chaque fois que l'utilisateur clique sur la souris ou sur les flèches haut et bas, value pour la valeur de départ du compteur, la valeur défaut.

Et comme dit dans le chapitre précédent, le clavier pour un écran tactile ne proposera que des chiffres.

3 TECHNIQUES POUR LES NOUVEAUX FORMULAIRES HTML5

Exemple :

```
<input type="number" />
```

Le clavier visuel par défaut pour un champ number comme le code postal est le pavé numérique

Un champ au format date

Ensuite vous avez les champs au format date. Souvent, vous l'apercevez lorsqu'il est demandé à l'utilisateur de choisir sa date de départ et sa date d'arrivée un calendrier qui s'ouvre.

Avec HTML 5, vous avez une balise input type = date qui permet à l'utilisateur d'afficher ce petit calendrier. Iil peut ainsi choisir automatiquement et facilement sa date. Et vous personnaliserez tout l'affichage avec CSS.

3 TECHNIQUES POUR LES NOUVEAUX FORMULAIRES HTML5

Exemple :

```
<input type="date" />
```

Renseignez vos dates :

Date de départ : jj/mm/aaaa

10	janvier	2010
11	février	2011
12	mars	2012
13	avril	2013
14	mai	2014
15	juin	2015
16	juillet	2016
17	août	2017
18	septembre	2018

Quand le focus est pris par le champ date, le calendrier s'affiche

Ensuite vous avez la possibilité input type = month, c'est pour sélectionner le mois et l'année. Par exemple, pour l'expiration d'une carte de crédit, l'utilisateur va pouvoir saisir seulement le mois. il s'agit d'un nouveau champ HTML 5, très pratique.

Exemple :

```
Date d'expiration : <input type="month" name="expire" />
```

3 TECHNIQUES POUR LES NOUVEAUX FORMULAIRES HTML5

Pour une date d'expiration, le jour n'est pas nécessaire et n'est donc pas affiché quand le champ prend le focus

Un champ au format horaire

Vous avez aussi le champ au format horaire input type = time, ça permet de sélectionner une heure. Vous avez les mêmes attributs que pour type = number, c'est-à-dire min, max, step, value, donc min, l'heure de départ du compteur, max l'heure de fin, step l'avancement en secondes.

Exemple :

```
<input type="time" min="09:00" max="17:00" step="60" value="11:00" />
```

3 TECHNIQUES POUR LES NOUVEAUX FORMULAIRES HTML5

Dans l'exemple ci-dessus, vous définissez un champ horaire dont la plage varie de 9 heures à 17 heures. L'attribut step n'est pas pris en charge par tous les navigateurs, et n'ont pas forcément la même signification, donc soyez vigilants avec. La valeur par défaut, celle qui sera renseignée au chargement de la page est 11 heures.

Un champ de recherche

Vous avez le champ de recherche, pour les blogs notamment.

Avec HTML 5, vous utilisez la balise input type = search. Et vous avez votre champ de recherche dans votre blog.

Vous avez également un exemple de code source, vraiment très simple, input type égal search. Vous pouvez mettre une valeur par défau :, tapez votre recherche ici.

Pour mettre un texte par défaut, vous utiliserez placeHolder et pas value, ça permet de supprimer le texte lorsque le champ va prendre le focus. Cette valeur ne sert qu'à guider l'utilisateur. Si vous voulez mettre une vraie valeur par défaut, utilisez l'attribut value.

Et attention, si vous utilisez un placeholder, ne mettez pas le focus automatiquement dans le champ, car sinon l'utilisateur ne verra pas le texte contenu dans le placeholder, ce qui est très gênant, surtout si vous ne mettez pas un autre texte avant le champ pour indiquer de quoi il s'agit. Vous allez me dire « c'est évident », et pourtant, de grands sites font cette erreur !

Exemple :

```
<input type="search" id="champRecherche"
placeholder="Tapez votre recherche ici">
```

3 TECHNIQUES POUR LES NOUVEAUX FORMULAIRES HTML5

La palette de couleurs

Ensuite les couleurs, une palette de couleurs, ou color picture, peut être utilisée avec la balise input type = color, qui va vous afficher une palette de couleurs.

Exemple :

```
<input type="color" />
```

Dès que l'utilisateur va cliquer dessus, il y aura une palette de couleur où il pourra choisir sa couleur.

Les curseurs

Vous avez également les curseurs avec input type = range qui permet d'ajouter un curseur pour que l'utilisateur puisse choisir une valeur numérique. Toujours les mêmes attributs que vous connaissez maintenant : min, max, step, value, pour la valeur minimale, la valeur maximale, le pas d'avancement entre chaque clic de la souris et la valeur de départ.

Exemple :

```
<input type="range" name="quantite" min="1" max="4" step="1" value="2">
```

Sur l'exemple ci-dessus, l'utilisateur aura une petite réglette avec des valeurs prédéfinies : 1, 2, 3 ou 4. Par défaut, 2 sera sélectionné.

Exemple d'application

```
<form action="mailto:matthieu@devfacile.com" method="post" enctype="text/plain">
 <fieldset>
 <legend><i>Client</i></legend>
```

3 TECHNIQUES POUR LES NOUVEAUX FORMULAIRES HTML5

```
Nom et prénom :
<input type="text" name="Nom" required placeholder="Nom et Prénom" />
<br />

Adresse :
<input type="text" name="Adresse" size="30" required />
<br />

Code Postal :
<input type="number" name="CP" size="4" maxlength="5" required pattern="[0-9]" />
<br />

Pays :
<input type="text" readonly name="Pays" value="France" />
</fieldset>
<br />

<fieldset>
<legend><i>Formation</i></legend>
Intitulé :
<input type="text" name="Modele" placeholder="PHP Expert" />
<br />

Quantité :
<br />
<input type="range" name="Taille" min="1" max="4" step="1" value="2" />

<div>
<span style="margin-left: 5px;">1</span>
<span>2</span>
<span style="margin-left: 5px;">3</span>
<span style="margin-left: 5px;">4</span>
</div>
```

3 TECHNIQUES POUR LES NOUVEAUX FORMULAIRES HTML5

```html
<br />

Mode de paiement :
<input type="string" name="paiment" min="1"
max="20" step="1" size="60" required
placeholder="virement, CB, Paypal, chèque" />
<br />
</fieldset>
<br />

Renseignez vos dates :
<br />

Date de départ :
<input type="date" name="depart" />
<br />

Date d'arrivée :
<input type="date" name="arrivee" />
<br />

Date d'expiration :
<input type="month" name="expire" />
<br /><br /><br />

Livraison à :
<br />
<input type="time" min="09:00" max="17:00"
step="60" value="11:00" />
<br />

Choisissez votre couleur :
<br />
<input type="color" />
<br />

<input type="submit" value="Commander" />
<input type="reset" value="Effacer" />
</form>
```

3 TECHNIQUES POUR LES NOUVEAUX FORMULAIRES HTML5

Dans cet exemple complet de code source, le formulaire va envoyer un mail par la méthode post, text/plain avec toutes les informations du formulaire dès que l'utilisateur validera. Donc ce formulaire va ouvrir un mail.

Résumé du chapitre

Évoquées dans le chapitre précédent, les nouvelles balises HTML 5 permettent de déporter le contrôle de certains champs directement par le navigateur, en particulier pour les types des données que nous avons vus ici plus en détail.

3 TECHNIQUES POUR LES NOUVEAUX FORMULAIRES HTML5

Notes

....
....
....
....
....
....
....
....
....
....
....
....
....
....
....
....
....
....

3 TECHNIQUES POUR LES NOUVEAUX FORMULAIRES HTML5

CHAPITRE 9.
Ajouter un lecteur audio HTML5 compatible tout navigateur

———— ◆ ————

Toujours un chapitre consacré aux nouvelles balises HTML 5. Vous en avez sûrement entendu parler.

Grâce à HTML 5 il est beaucoup plus simple d'utiliser des lecteurs audio et vidéo. Plus besoin de coder en langage flash avec l'ActionScript 3. Vous avez une seule balise à mettre avec les différentes options, et cela ajoute directement un lecteur audio ou un lecteur vidéo. Ce chapitre est consacré à la lecture de fichiers audio grâce à HTML 5.

L'ajout d'un fichier audio

Comment ça marche ?

Vous avez comme je vous l'ai dit, une seule balise, la balise audio avec plusieurs attributs qui va vous permettre de mettre différentes options dans votre balise audio.

Vous avez l'attribut src, c'est là où vous donner l'adresse, l'URL de votre fichier son. Il peut être situé sur un autre domaine, ou sur votre domaine, dans un répertoire, dans l'arborescence de vos domaines, bref n'importe où.

Ensuite, vous avez l'attribut controls, qui va vous permettre de

AJOUTER UN LECTEUR AUDIO HTML5 COMPATIBLE TOUT NAVIGATEUR

choisir d'afficher les contrôles du lecteur audio. C'est-à-dire, la lecture, l'arrêt, l'avancement et le volume, ou de les masquer, c'est vous qui choisissez en fonction du type de lecteur audio que vous souhaitez proposer à vos utilisateurs.

Vous avez <u>autoplay</u> pour la lecture automatique des fichiers audio dès l'affichage de la page.

Continuons avec <u>loop</u>, ça veut dire qu'une fois que la lecture du fichier son est terminée, il est lu à nouveau par le lecteur audio.

L'attribut <u>preload</u> que je vous conseille d'utiliser, permet d'activer ou non le téléchargement du fichier audio lors du chargement de la page.

Donc preload none, il n'y a rien, le fichier audio n'est pas pré chargé, rien. Preload = metadata, il y a juste le pré chargement des métadonnées du fichier audio qui s'effectue. Et preload auto, que je vous conseille d'utiliser, fait un pré chargement automatique du fichier audio, quand utilisateur va cliquer sur Lecture, ce sera un instantané parce que le fichier audio sera déjà chargé par le navigateur.

Exemple :

```
<audio controls preload="auto" src="jingle.mp3">
Votre navigateur ne supporte pas la balise audio.
</audio>
```

Sur ce code, vous apercevez une première utilisation de la balise audio, utilisant le fichier jingle.mp3 avec les éléments de contrôle de la lecture et un préchargement lorsque la page est affichée à l'utilisateur. Le texte contenu entre les balises ouvrante et fermante sera affiché uniquement si le navigateur de l'utilisateur ne supporte pas la balise audio, sinon l'utilisateur ne le verra pas.

AJOUTER UN LECTEUR AUDIO HTML5 COMPATIBLE TOUT NAVIGATEUR

Votre utilisateur verra :

Copyright www.Developpement-Facile.com 2014

Lecteur audio HTML 5 sous Internet Explorer

Les formats pris en charge

Plusieurs formats de fichier sont prévus pour être lus avec la balise audio.

Vous avez le format ogg, un format libre et performant avec une qualité supérieure au format MP3.

Ensuite, bien évidemment, vous avez le format MP3, le bien connu MP3 qui est une compression avec une perte de qualité sonore significative, mais qui reste toutefois acceptable pour l'oreille humaine.

Vous avez le format aac, Advanced Audio Coding, plus performant encore en compression que le format ogg et MP3, et pour ceux qui ont un iPod ou une tablette iPad, c'est le format utilisé par Apple.

Vous avez également le format wav qui est supporté par la balise audio HTML 5, là, il n'y a aucune compression, la taille des fichiers Web est beaucoup trop importante, donc je vous déconseille de l'utiliser.

Méfiez-vous également, tous les navigateurs ne supportent pas

AJOUTER UN LECTEUR AUDIO HTML5 COMPATIBLE TOUT NAVIGATEUR

de base tous les formats. Il semble que MP3 le soit pour tous les grands navigateurs, mais c'est une autre histoire pour les autres formats. Donc testez vos formats dans les principaux navigateurs, sinon vous risquez d'afficher un message type source invalide à votre utilisateur.

La balise <source>

Parlons justement de la source. Pour contourner le problème soulevé ci-dessus à propos de la compatibilité des navigateurs, l'alternative est de proposer plusieurs fichiers proposant le même contenu mais dans un format différent.

Notre premier exemple devient alors :

```
<audio controls preload="auto">
<source src="jingle.ogg">
<source src="jingle.mp3">
<source src="jingle.acc">
Votre navigateur ne supporte pas la balise audio.
</audio>
```

Le navigateur sélectionnera et chargera le premier fichier audio qu'il sera capable de lire. Mettre plusieurs balises source ne vous permettra pas de jouer une liste de lecture par exemple, c'est pourquoi elles doivent représenter un même contenu, à moins que vous ayez besoin de jouer un contenu différent suivant le navigateur.

Résumé du chapitre

Il n'a jamais été aussi simple d'ajouter un lecteur audio sur une page Web qu'en utilisant la simple balise HTML 5 audio et ses attributs.

Pensez à ajouter plusieurs fichiers dans des formats différents

AJOUTER UN LECTEUR AUDIO HTML5 COMPATIBLE TOUT NAVIGATEUR

pour être sûr que votre utilisateur pourra l'entendre.

Voici un site pour convertir vos fichiers audio dans plusieurs formats : www.convertfiles.com

AJOUTER UN LECTEUR AUDIO HTML5 COMPATIBLE TOUT NAVIGATEUR

Notes

AJOUTER UN LECTEUR AUDIO HTML5 COMPATIBLE TOUT NAVIGATEUR

CHAPITRE 10.
Ajouter un lecteur vidéo HTML5 compatible tout navigateur

―――――― ♦ ――――――

Après le lecteur audio, vous allez apprendre comment ajouter un lecteur vidéo compatible avec la majorité des navigateurs Internet (Google Chrome, Safari, Firefox, Internet Explorer…).

L'ajout d'un fichier vidéo

Si vous avez compris comment utiliser la balise audio, je vais aller un peu plus vite pour la balise video car c'est exactement la même chose.

La balise video possède également l'attribut src où vous spécifiez l'adresse du fichier vidéo. Ce fichier peut être hébergé sur votre site Internet ou sur un autre site.

L'attribut controls permet d'afficher les contrôles du lecteur vidéo, ou pas : lecture, arrêt, avancement, volume ; width la largeur de la vidéo ; height la hauteur la vidéo ; autoplay pour lire automatiquement.

Dès que la page est chargée ; loop permet de jouer le fichier vidéo en boucle, une fois qu'il a terminé il retourne au début, il joue en boucle.

AJOUTER UN LECTEUR VIDÉO HTML5 COMPATIBLE TOUT NAVIGATEUR

Et <u>preload</u> permet d'activer le pré chargement de la vidéo lors du chargement de la page.

Preload = none signifie qu'il n'y a pas de pré chargement du tout, preload = metadata, préchargement des metadata de la vidéo, preload = auto il y a un pré chargement automatique de la vidéo.

C'est très pratique, dès que l'utilisateur appuie sur Lecture, la vidéo se lance instantanément.

<u>Exemple :</u>

```
<video controls preload>
<source src="11-intro.ogv">
<source src="11-intro.mp4">
<source src="11-intro.webm">
Votre navigateur ne supporte pas la balise vidéo.
</video>
```

Comme pour la balise audio, si le navigateur ne supporte pas HTML5, alors l'utilisateur verra le texte "Votre navigateur ne supporte pas la balise vidéo".

<u>Votre utilisateur verra :</u>

AJOUTER UN LECTEUR VIDÉO HTML5 COMPATIBLE TOUT NAVIGATEUR

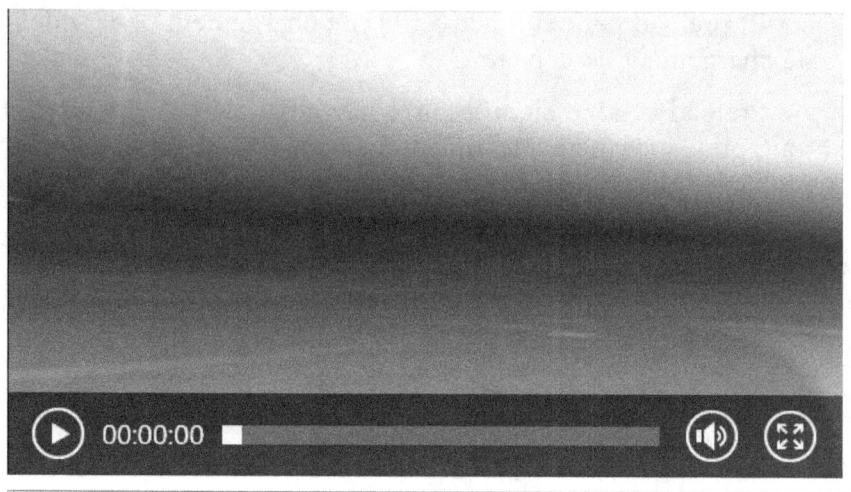

Copyright www.Developpement-Facile.com 2014

Lecteur vidéo dans Internet Explorer

Les formats pris en charge

Dans les formats qui sont pris en charge, vous avez le format ogv, c'est l'équivalent de l'extension ogg pour le fichier audio, c'est un format libre pour la vidéo.

Le fameux format H.264 qui est énormément utilisé par Apple, Youtube, Dailymotion, c'est un codec de compression vidéo haute définition à la norme MP4, il faut savoir que c'est un format propriétaire soumis à des redevances et des royalties, ce format H.264 va évoluer.

Il y a un petit combat entre le H.265 qui est toujours un format propriétaire opposé au format webm qui est acheté par Google. Google, déjà propriétaire du codec vidéo VP8, il s'agit d'un

AJOUTER UN LECTEUR VIDÉO HTML5 COMPATIBLE TOUT NAVIGATEUR

format libre. J'espère que ce format VP8 réussira à s'imposer face au H.265, ainsi il n'y aura plus de redevances ou de royalties à venir.

La balise <source>

Comme pour l'audio, vous avez la balise source pour spécifier plusieurs fichiers vidéo.

Chaque navigateur prend en charge les extensions qu'il a choisies. FireFox, Google Chrome, opéra, Safari ne supportent pas toutes les balises vidéos.

Vous allez utiliser la balise source pour spécifier un fichier vidéo avec un format différent, au format ogv, au format mp4, au format webm ainsi vous serez sûr que votre vidéo sera lisible par la majorité des navigateurs récents.

Il est très important que vos sites Internet soient compatibles avec le plus de navigateurs possible.

Rendez-vous compte, les utilisateurs ont un ordinateur portable pour surfer sur Internet, ils ont une tablette pour surfer sur votre site web, ils ont un smartphone...

Ils ont tout un tas de périphériques, même avec une télé on surfe sur internet !

Avec HTML 5, vous avez l'avantage que ce langage soit pris en compte par de nombreux navigateurs, profitez-en.

Résumé du chapitre

Vous pouvez maintenant afficher directement sur votre site web des vidéos.

Pensez aux différents formats afin que l'utilisateur puisse voir

AJOUTER UN LECTEUR VIDÉO HTML5 COMPATIBLE TOUT NAVIGATEUR

la vidéo. Par contre, n'oubliez pas que l'utilisateur peut la désactiver avec les paramètres du navigateur. Donc affichez un texte pour indiquer que, normalement, il y a une vidéo à regarder. Et pensez à une alternative si cette vidéo est trop grande en taille.

Rendez-vous sur www.online-convert.com/fr pour convertir vos vidéos dans les différents formats (ogv, mp4, webm).

AJOUTER UN LECTEUR VIDÉO HTML5 COMPATIBLE TOUT NAVIGATEUR

Notes

……………………………………………………………………………
……………………………………………………………………………
……………………………………………………………………………
……………………………………………………………………………
……………………………………………………………………………
……………………………………………………………………………
……………………………………………………………………………
……………………………………………………………………………
……………………………………………………………………………
……………………………………………………………………………
……………………………………………………………………………
……………………………………………………………………………
……………………………………………………………………………
……………………………………………………………………………
……………………………………………………………………………
……………………………………………………………………………
……………………………………………………………………………
……………………………………………………………………………

AJOUTER UN LECTEUR VIDÉO HTML5 COMPATIBLE TOUT NAVIGATEUR

CHAPITRE 11.
Utiliser la géolocalisation avec HTML5 et JavaScript

---◆---

Il est toujours possible d'exploiter les capacités de JavaScript avec HTML5. Voyons un exemple de plus en plus répandu : la géolocalisation.

La géolocalisation

La géolocalisation permet de savoir où se trouve votre utilisateur, et de lui proposer du contenu en conséquence. Pour votre site, vous utiliserez simplement l'objet JavaScript navigator.geolocation.

Comment ça se passe ?

Exemple :

```
<script type="text/javascript">
// si l'objet navigator est disponible
if (navigator.geolocation)
{
 console.debug('geolocalisation en cours...');

navigator.geolocation.getCurrentPosition(getPositi
on, getError);
}
else
```

UTILISER LA GÉOLOCALISATION AVEC HTML5 ET JAVASCRIPT

```
    document.getElementById("error").innerHTML="La
géolocalisation n'est pas disponible avec votre
navigateur.";

function getPosition(position)
{
  document.getElementById("latitude").innerHTML =
"Latitude : "+latitude;
  document.getElementById("longitude").innerHTML =
"Longitude : "+longitude;
}

function getError(error)
{
  switch(error.code)
  {
  case error.PERMISSION_DENIED:
   document.getElementById("error").innerHTML="User
denied the request for Geolocation.";
   break;

   default:
   document.getElementById("error").innerHTML="Votre
géolocalisation est impossible...";
   }
};
</script>
```

Au chargement de votre page, est-ce que l'objet <u>navigator</u> javascript est disponible ?

Si oui tant mieux, sinon vous faites un innerHTML sur la div error qui est contenue dans la partie body de votre page HTML. Si vous ne savez pas comment fonctionne innerHTML, regardez les cours javascript sur www.Developpement-Facile.com, il y a des cours javascript qui vous expliquent comment fonctionne getElementById avec innerHTML.

Vous récupérez la div error et vous affichez le message pour

UTILISER LA GÉOLOCALISATION AVEC HTML5 ET JAVASCRIPT

expliquer au visiteur que la géolocalisation n'est pas disponible.

Si l'objet navigator est disponible, vous appellez la fonction de géolocalisation getCurrentPosition pour récupérer la position de l'internaute. Cette fonction prend deux paramètres essentiels : le premier est la fonction que vous souhaitez appeler si la géolocalisation a fonctionné, et vous l'avez probablement anticipé. Lle second paramètre est une fonction qui sera appelée en cas d'échec.

Dans notre cas, la fonction getPosition est appelée, et une fonction getError est appelée en cas d'erreur. Dans cette dernière, vous récupérez le code d'erreur. En fonction du code d'erreur, un message différent est affiché au visiteur.

Il existe plusieurs codes erreurs décrivant un refus de l'utilisateur d'être géolocalisé, ou une impossibilité de récupérer le lieu où se trouve l'utilisateur, un problème de temps de réponse pour récupérer la position, ou plus simplement une erreur inconnue. Vous gérez également un cas défaut pour couvrir tous les problèmes potentiels.

En cas de succès, la fonction getPosition est appelée. Notre fonction maison récupère la position, latitude et longitude, vous pouvez même récupérer la précision avec accuracy. Vous renseignez latitude et longitude avec innerHTML pour l'afficher dans la page web.

Résumé du chapitre

La géolocalisation va vous permettre de proposer un contenu plus proche de votre utilisateur, plus personnalisé ou encore de lui offrir des fonctionnalités spécifiques.

Utilisez l'objet navigator et pensez à gérer les exceptions qui peuvent survenir, comme le fait que l'utilisateur peut désactiver la

UTILISER LA GÉOLOCALISATION AVEC HTML5 ET JAVASCRIPT

géolocalisation.

UTILISER LA GÉOLOCALISATION AVEC HTML5 ET JAVASCRIPT

Notes

UTILISER LA GÉOLOCALISATION AVEC HTML5 ET JAVASCRIPT

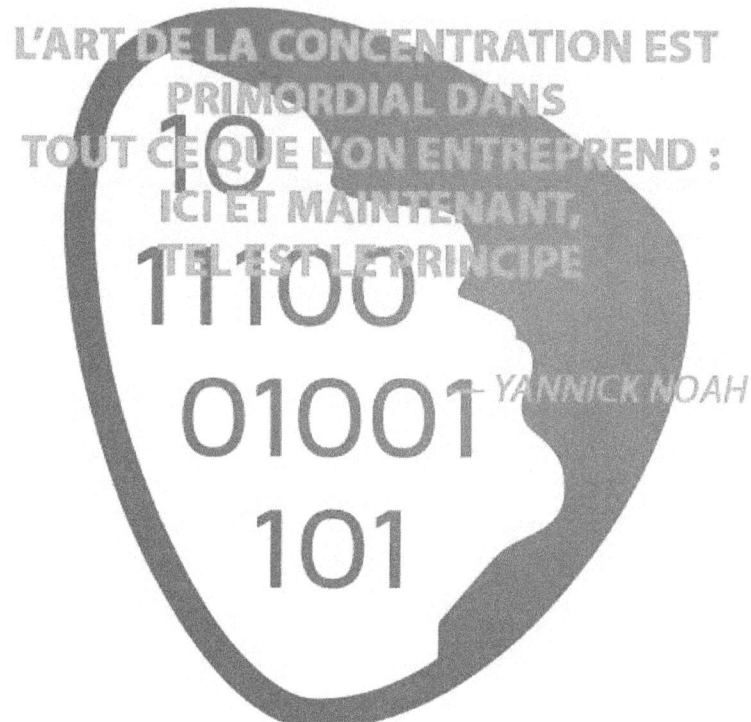

> L'ART DE LA CONCENTRATION EST PRIMORDIAL DANS TOUT CE QUE L'ON ENTREPREND : ICI ET MAINTENANT, TEL EST LE PRINCIPE
>
> — YANNICK NOAH

CHAPITRE 12.

Utiliser le stockage local et persistant dans le navigateur

─────── ◆ ───────

Et vous allez continuer à monter en puissance dans votre apprentissage du langage HTML5 !

Vous avez certainement dû le voir. Maintenant, il y a de plus en plus de sites qui sont consultables hors ligne, en tout cas une partie du site est consultable hors ligne.

C'est ce que vous allez découvrir à travers cette nouvelle propriété HTML 5 : le stockage des éléments de votre site Internet dans le navigateur du client.

Pour ce faire, vous utiliserez des fonctions JavaScript.

Stocker des données dans le navigateur

Il existe une API DOM Storage ou l'API Web Storage qui vous permet de stocker dans le navigateur de l'ordinateur de l'internaute, plusieurs informations de votre choix. Vous avez donc deux possibilités :

sessionStorage : c'est un stockage temporaire, les données sont stockées dans le navigateur uniquement le temps de la session, donc dès que l'utilisateur ferme le navigateur toutes les données sauvegardées sont supprimées ;

UTILISER LE STOCKAGE LOCAL ET PERSISTANT DANS LE NAVIGATEUR

localStorage : la deuxième possibilité, c'est du stockage persistant. Les données sont toujours stockées en local par le navigateur pour une durée indéfinie. Cette fois-ci, quand l'utilisateur ferme son navigateur, les données sont sauvegardées, pour être réutilisées plus tard, elles seront toujours accessibles.

Le stockage temporaire

Pour le stockage temporaire, vous avez plusieurs possibilités.

Vous pouvez ajouter une valeur sessionStorage.setItem avec un couple clé/valeur. Vous pouvez ensuite récupérer une valeur stockée avec sessionStorage.getItem et la clé que vous aviez donné dans setItem.

Enfin, vous pouvez supprimer une valeur stockée avec sessionStorage.removeItem et la clé. Vous pouvez également supprimer toutes les valeurs stockées avec sessionStorage.clear.

Exemple :

```
var data = document.getElementById("q").value;
sessionStorage.setItem(produit, data);
```

```
document.getElementById("q").value =
sessionStorage.getItem(produit);
sessionStorage.removeItem(produit);
sessionStorage.clear();
```

Le stockage persistant

Pour le stockage persistant, c'est exactement la même chose, la seule différence c'est que dans un cas vous utilisez sessionStorage pour stockage temporaire, et dans l'autre cas pour le stockage persistant, vous utilisez localStorage.

UTILISER LE STOCKAGE LOCAL ET PERSISTANT DANS LE NAVIGATEUR

Sinon, vous retrouvez <u>setItem</u> pour ajouter une valeur, <u>getItem</u> pour récupérer une valeur stockée, <u>removeItem</u> pour supprimer une valeur stockée, et <u>clear</u> pour supprimer toutes les valeurs stockées.

Exemple :

```
var data = document.getElementById("q").value;
localStorage.setItem(produit, data);

document.getElementById("q").value =
localStorage.getItem(produit);

localStorage.removeItem(produit);
localStorage.clear();
```

Résumé du chapitre

Avec peu de code, vous pourrez gérer les sessions utilisateur sur votre site, ou conserver toutes les données dont l'utilisateur pourrait avoir besoin sur le long terme, même après la fermeture de son navigateur.

Finalement, avec l'utilisation du stockage en local et/ou du stockage temporaire, cela va donner encore un plus, une option supplémentaire à vos sites Internet.

Comme je vous l'ai dit, HTML 5 propose énormément de nouvelles possibilités pour vos sites Internet, utilisez-les !

UTILISER LE STOCKAGE LOCAL ET PERSISTANT DANS LE NAVIGATEUR

Notes

UTILISER LE STOCKAGE LOCAL ET PERSISTANT DANS LE NAVIGATEUR

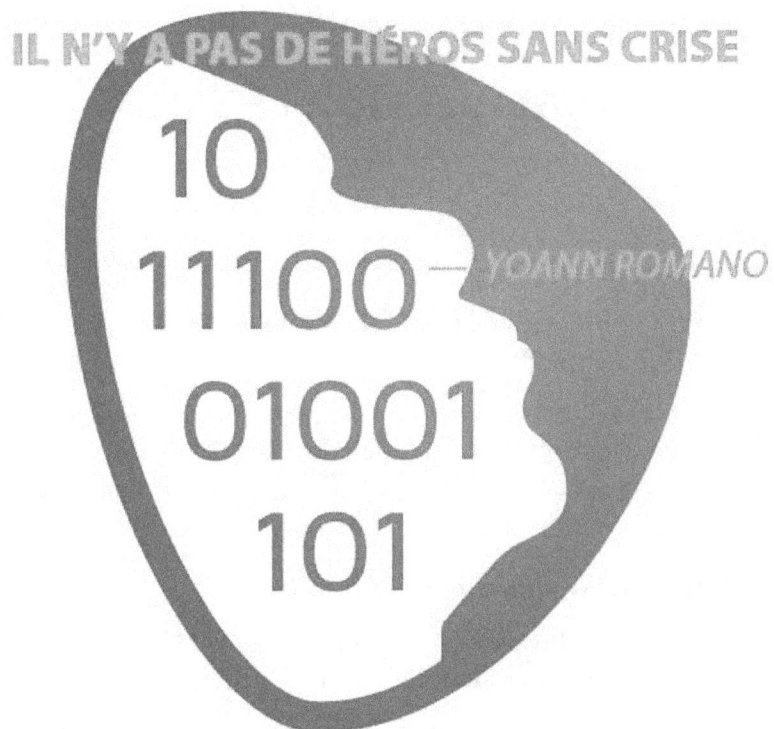

CHAPITRE 13.
Les API JavaScript HTML5

———— ♦ ————

Dans ce nouveau chapitre, je voulais partager avec vous les API HTML 5 disponibles.

Il y a plusieurs API qui sont en cours de développement avec HTML 5 pour simplifier et ajouter de plus en plus d'interactivité très facilement grâce aux langages HTML 5, CSS et JavaScript.

Les API JavaScript avec HTML5

Voici les API JavaScript disponibles avec HTML 5 que vous pouvez utiliser en combinant les deux langages.

L'API glisser/déposer (drag/drop), ça permet à l'utilisateur de déplacer des éléments, aujourd'hui il y a des frameworks, comme jQuery, Dojo et MooTools qui proposent le drag/drop, mais cette API sera une alternative standardisée et implémentée en natif dans les navigateurs.

Vous avez également l'API Web Workers pour les nouveaux moteurs de JavaScript.

Dans les sites Internet, il y a de plus en plus de JavaScript pour effectuer des opérations beaucoup plus complexes et plus longues à utiliser.

Donc l'utilisateur attend... L'affichage d'une page Web étant

LES API JAVASCRIPT HTML5

séquentiel : la page charge, elle s'affiche, elle charge, elle s'affiche. Si l'exécution du script JavaScript est très long, cela peut bloquer le chargement de la page et donc l'affichage de la page, et l'utilisateur reste frustré.

Cette API permet d'exécuter des scripts en parallèle, donc la page charge, elle exécute plusieurs scripts en même temps. Et, il y a toujours l'affichage de la page qui déroule.

Ainsi, les performances des applications sont bien meilleures et l'expérience utilisateur est grandement améliorée. Car la page continue de s'afficher tout en chargeant des scripts JavaScript.

Vous avez également l'API Web Messaging qui permet de transmettre des chaînes de caractères entre différentes fenêtres ou balises iframe.

L'avantage c'est que ces chaînes de caractères peuvent être situées soit sur le même domaine, soit dans des domaines différents. Vous pouvez communiquer entre des domaines différents grâce à des balises iframe, des fenêtres grâce à l'API Web Messaging. Une API qui va être très importante dans les prochaines semaines et prochains mois.

Vous avez aussi l'API Web SQL Database. Elle permet de mettre une base de données côté internaute, stockée par le navigateur ; elle est gérée par SQL Light.

Aujourd'hui, les bases de données que vous utilisez, sont des bases de données gérées par votre hébergeur via Apache, PHP MySQL. Grâce à cette API Web SQL Database, vous pouvez stocker des informations organisées sous forme de base de données directement dans le navigateur de votre internaute.

Vous avez l'API Indexed Database qui est une évolution de cette base de données. C'est-à-dire qu'elle est gérée par JavaScript, SQL Light n'est plus utilisé. C'est quand même toujours une base de données stockée par le navigateur côté internaute.

Vous avez également l'attribut contentEditable, vraiment très pratique.

Avant, pour mettre en place de l'interaction avec les utilisateurs, il fallait utiliser des formulaires pour récupérer des informations. L'utilisateur renseignait des champs de formulaire, du texte, des cases à cocher, etc.

Avec cet attribut, tout élément de la page devient éditable. C'est génial !

Plus besoin des formulaires, vous utilisez l'attribut contentEditable associé avec une API de stockage. Et vous pouvez considérablement améliorer l'interactivité JavaScript avec l'utilisateur. Pensez à cet attribut contentEditable, et à l'API de stockage pour encore améliorer vos sites Internet.

Vous avez l'API History. Rappelez-vous avec Ajax vous ne rechargez jamais la page, l'URL ne change jamais et l'historique du navigateur n'est plus mis à jour. Cette API, l'API History, corrige cet inconvénient en permettant de modifier dynamiquement l'URL dans la barre d'adresse du navigateur. Ainsi vous pouvez ajouter des pages dans l'historique. Toujours avec Ajax, sans recharger la page.

L'API History est très pratique surtout si vous avez un site Internet avec Ajax, où vous ne rechargez que des éléments d'une page. Vous pouvez continuer la mise à jour l'historique du navigateur.

Vous avez également l'API File. Aujourd'hui, les fonctions de fichiers s'effectuent avec un champ du formulaire, input tye = file. Cette API permet de sélectionner des fichiers par un simple glisser/déposer.

Rappelez-vous, si vous utilisez les blogs de type WordPress : pour ajouter un média vous pouvez faire un glisser/déposer des

LES API JAVASCRIPT HTML5

médias directement dans WordPress. Ces média sont automatiquement ajoutés dans vos sites WordPress.

Grâce à cette API File, vous pouvez implémenter la même chose sur vos sites Internet. Vous pouvez récupérer des informations utiles sur chaque fichier comme son nom, sa taille et son format. L'objectif de cette API est de gérer l'upload asynchrone de fichiers.

Vous avez aussi les WebSockets qui sont de plus en plus utilisés avec la technologie SPA pour Single Page Application.

SPA : c'est une page web qui communique sans cesse entre le navigateur et le serveur, avec la technologie Ajax, et via le protocole http qui est un peu vieillissant et pas très performant.

L'objectif des WebSockets est de laisser la communication ouverte pendant un temps limité entre le navigateur et le serveur. Ce système de fonctionnement permet de développer des applications en temps réel.

Par exemple le trafic automobile dans une ville dans Google Maps, où vous pouvez voir quand il y a des bouchons ou non, sur l'autoroute, dans une ville. Toutes ces fonctionnalités utilisent les WebSockets.

Il y a bien évidemment d'autres API JavaScript qui sont disponibles et en cours de développement.

Par exemple HTML média capture pour améliorer les formulaires audio et vidéo.

File Système API pour créer des arborescences et gérer les fichiers, un peu comme vous avez dans votre Windows, dans Mac OS et dans Linux.

Les notifications Web, la cryptographie pour crypter les documents avec l'API Web cryptography, les contacts pour gérer votre carnet d'adresses avec cette API.

LES API JAVASCRIPT HTML5

L'API caméra pour utiliser la webcam, que ce soit sur les smartphones, les tablettes ou les ordinateurs.

Touch Events Specification pour utiliser l'API multitouches. Anisi, vous pouvez profiter du multitouche de votre tablette ou de votre Smartphone, directement depuis HTML 5.

Avec ces API HTML 5, vous pouvez accéder à la fonction vibration, la notion de vibreur sur votre Smartphone. La batterie est également accessible, ainsi que son état de charge. Cette fonctionnalité est disponible sur les smartphones, les ordinateurs portables et les tablettes, toujours grâce à ces nouvelles API HTML 5.

Résumé du chapitre

Les API sont des éléments à ajouter en quelques lignes de code sur votre site pour vous aider à ajouter des fonctionnalités et/ou pour simplifier le code. Elles permettent d'avoir un code robuste et de partager du code avec d'autres développeurs.

HTML 5 n'en est qu'à son début, il va y avoir énormément d'API, de possibilités qui se développent rapidement. Bien évidemment, il y aura d'autres cours sur Développement Facile consacrés à ces API en HTML 5, JavaScript et CSS 3.

LES API JAVASCRIPT HTML5

Notes

....
....
....
....
....
....
....
....
....
....
....
....
....
....
....
....
....
....
....
....

LES API JAVASCRIPT HTML5

TU PEUX RESTER IMMOBILE DANS
LE COURANT D'UNE RIVIÈRE,
MAIS PAS DANS LE MONDE
DES HOMMES

PROVERBE JAPONAIS

CHAPITRE 14.
5 bonnes pratiques HTML5 sur mobiles

Découvrez des conseils et des pratiques pour réaliser des sites Web compatibles avec différents périphériques, comme les smartphones, les tablettes ou les ordinateurs de bureau.

Il est indispensable de proposer un site web capable de s'afficher sur n'importe quel terminal, les utilisateurs les manipulant très facilement et voulant accéder rapidement au contenu. Vous allez découvrir le développement sur les terminaux mobiles avec plusieurs cours notamment sur jQuery mobile, des astuces pour utiliser les nouvelles balises HTML 5 et CSS 3.

Mais avant cela, vous commencer avec les bases essentielles, toutes les bonnes pratiques que vous devez utiliser.Vous allez notamment découvrir canvas C'est l'API qui permet de dessiner sous JavaScript. Si vous avez fait un peu d'ActionScript flash, vous aller trouver exactement les mêmes fonctionnalités pour dessiner avec JavaScript. Vous allez créer des jeux et des applications de plus en plus évoluées avec JavaScript.

Les sites pour mobiles avec HTML5

Tout d'abord voici les bonnes pratiques à utiliser avec HTML 5 pour concevoir vos sites sur les périphéries mobiles, que ce soit les smartphones ou les tablettes.

5 BONNES PRATIQUES HTML5 SUR MOBILES

Bien évidemment, vous devez adapter la taille de votre interface à l'écran de votre périphérique. Il faut savoir que les écrans mobiles les plus petits commencent à partir de 3,5 pouces, notamment les premiers iPhone et les premiers smartphones. Maintenant, la taille des écrans peut atteindre jusqu'à 6 pouces et plus. Pour les smartphones et pour les tablettes, l'écran peut atteindre jusqu'à 10 voir dépasser les 12 pouces. Tout dépend du modèle de la tablette.

Pensez à concevoir des sites "responsive", c'est-à-dire qui s'adaptent automatiquement à la taille de l'écran du périphérique sur lequel ils sont affichés.

Pour afficher une page sur un appareil mobile, vous devez prendre en compte la largeur de l'écran disponible sur le périphérique et adapter l'affichage de votre application, de votre jeu, en fonction de la taille disponible à l'écran.

Un site "responsive" permet d'agrandir automatiquement la taille, la largeur de votre application en fonction de la taille de l'écran. Cela évite à l'utilisateur d'utiliser la barre de défilement en permanence pour voir tous les éléments de la page.

Si vous pouvez effectuer cette adaptation, en tout cas le prévoir dans la conception de votre site, cela va grandement améliorer l'expérience de vos utilisateurs.

Gardez bien en tête certains inconvénients qui existent avec les petits écrans, notamment ceux des smartphones.

Pensez toujours à la largeur adéquate. Une taille de caractères lisibles. Si vous prenez une taille de police 10, sur un smartphone, ce n'est pas lisible, sur une tablette c'est assez difficile. Testez la taille de vos polices, prévoyez une taille un peu plus grande et des images de petite taille et très légères en poids.

Cela ne sert à rien de mettre une image en 2048, non. Sur smartphones, des images en résolution 800 par 600 suffisent

5 BONNES PRATIQUES HTML5 SUR MOBILES

largement. L'avantage c'est que le poids sera plus petit donc un chargement plus rapide. Les smartphones et les tablettes utilisent de la 3G, ayez cela à l'esprit. Prévoyez que les connexions 3G sont plus lentes que l'ADSL et que le câble.

Pensez aussi à créer des sites agréables à regarder sur mobile. Alors, évitez les images de fond, elles ne servent à rien. Ces images alourdissent inutilement le poids de la page.

Oubliez les couleurs de texte inadaptées avec le fond de votre interface. N'ajoutez pas de blocs de texte trop compact, c'est-à-dire les gros paragraphes de texte, c'est illisible sur un petit écran.

Ajoutez plutôt des espaces dans vos paragraphes, faites des petits paragraphes, des phrases courtes et sautez des lignes. Votre bloc de texte sera beaucoup plus agréable à lire pour vos utilisateurs.

Comme je vous l'ai dit, créez toujours des pages Web légères et optimisées, que ce soit en poids et en affichage. Réduisez bien la taille de vos images pour un chargement plus rapide et avec une résolution inférieure que votre site classique.

Pensez également à utiliser le cache du navigateur, c'est très important.

Utilisez des fichiers JavaScript CSS avec la balise import et non directement dans la page. Si vous avez plusieurs pages qui utilisent les mêmes fichiers CSS, les mêmes fichiers JavaScript, ils seront déjà dans le cache du navigateur. Cela permet un chargement beaucoup plus rapide si vous effectuez des imports de fichiers externes plutôt que les intégrer dans votre page HTML directement.

Privilégiez toujours des menus compacts. Il est inutile d'avoir des menus avec 10, 20 possibilités sur un site mobile.

Non, utilisez toujours des menus très compacts. En principe il apparaît soit tout en haut, soit sur le côté.

5 BONNES PRATIQUES HTML5 SUR MOBILES

Le menu s'affiche avec "...", le petit bouton qui permet de l'afficher. Ou sinon tout en haut avec 4, 5 éléments dans le menu mais guère plus pour un mobile.

Pensez également à limiter l'utilisation du clavier tactile. Vous savez qu'il prend de la place sur l'écran, donc réduisez son utilisation au maximum.

Intégrez plutôt une utilisation du clic tactile, du glisser/déposer.

Créez des boutons larges pour ceux qui ont des gros doigts. Car si le bouton est tout petit, souvent l'utilisateur va cliquer à côté. Concevez des boutons bien gros, bien larges, avec une police de caractères bien lisible. Laissez évidemment suffisamment d'espace entre les boutons pour éviter à l'utilisateur d'appuyer sur le mauvais bouton.

Un site mobile bien conçu doit s'afficher sur tous les appareils. Que ce soit les smartphones, les tablettes ou les ordinateurs portables.

Quel que soit le navigateur et quel que soit le sens dans lequel l'appareil est orienté, en mode portrait ou en mode paysage. Conservez bien cette spécificité en tête. Faites des sites compatibles multi-navigateurs et multi-périphériques.

Dans la troisième partie de ce livre, vous allez apprendre comment gérer ça avec le framework Bootstrap 3. Ce framework est parfait pour créer des sites multi-navigateurs et multi-périphériques.

Résumé du chapitre

Finalement, en appliquant ces quelques bonnes pratiques, vous pourrez développer vos sites en HTML 5 et les rendre agréables à naviguer pour vos visiteurs.

5 BONNES PRATIQUES HTML5 SUR MOBILES

Vous allez ainsi concevoir des sites qui s'affichent correctement quel que soit le navigateur et quel que soit le périphérique : tablette, smartphone, ordinateur portable.

Référez-vous aux chapitres suivants sur le framework BootStrap 3 (que vous allez découvrir en troisième partie de ce livre multimédia).

5 BONNES PRATIQUES HTML5 SUR MOBILES

Notes

5 BONNES PRATIQUES HTML5 SUR MOBILES

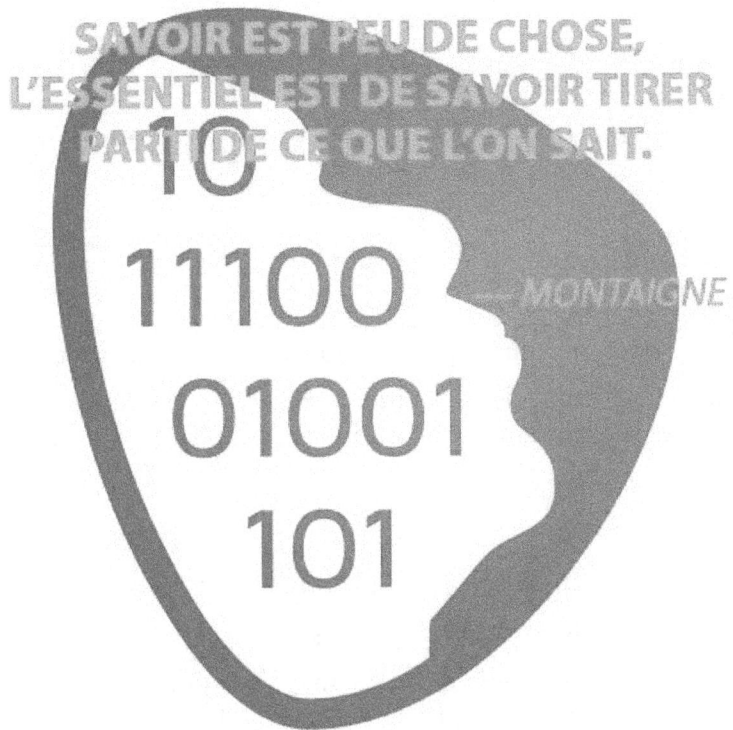

CHAPITRE 15.
Le doctype HTML5 à utiliser pour les mobiles

Le doctype ou type de document est une instruction obligatoire au début des documents HTML. Vous avez appris au début de cette partie, que HTML5 avait simplifié cette instruction pour se limiter à :

```
<!DOCTYPE html>
```

Pour les mobiles, vous allez compléter ce doctype. C'est ce que vous allez découvrir dans ce chapitre.

Choisissez toujours le doctype adapté à utiliser dans votre site Web pour que celui-ci soit compatible avec les mobiles.

Écrire le doctype pour un site mobile

Vous allez commencer avec le doctype XHTML pour mobile, celui que vous utilisiez peut-être :

```
<!DOCTYPE html PUBLIC "-//WAPFORUM//DTD XHTML Mobile 1.2//EN"
"http://www.openmobilealliance.org/tech/DTD/xhtml-mobile12.dtd">
```

Sinon, le doctype HTML 5, celui que je vous conseille d'utiliser, est beaucoup plus simple et plus concis. Le doctype HTML 5 permet d'afficher une page correcte sur un appareil

LE DOCTYPE HTML5 À UTILISER POUR LES MOBILES

mobile. L'avantage, c'est que cette page peut s'afficher également correctement sur un navigateur classique, comme les ordinateurs de bureau et les ordinateurs portables.

Une page HTML 5 sait s'adapter sans problème aux différents formats des appareils mobiles, aux différentes résolutions des écrans, qu'il y ait un écran plus petit comme les smartphones, ou un peu plus grand comme les tablettes.

Grâce à HTML 5, sans code spécifique pour l'un ou l'autre périphérique, vous allez obtenir un site cohérent et conforme quel que soit le périphérique.

Utilisez le doctype HTML 5, il est très simple à insérer dans une page. Il va vous permettre de créer des pages qui s'adaptent automatiquement en fonction de la taille des écrans des appareils mobiles.

Vous allez créer des mises en page avec des tailles beaucoup plus grandes et surtout utiliser tout l'espace disponible sur l'écran du périphérique.

Vous pourrez aussi créer une page normale en indiquant au navigateur de prendre la taille de l'écran que vous avez défini et non la valeur par défaut. Vous allez ensuite définir dans une balise meta, en fonction de la taille de l'écran, la largeur de la page à utiliser. C'est vraiment très pratique cette nouvelle fonctionnalité HTML 5 !

La taille de la fenêtre d'affichage

Dans le header de votre page HTML5, vous définissez la balise meta name viewport :

```
<meta name="viewport" content="user-scalable=no, initial-scale=1.0, maximum-scale=1.0, width=device-width" />
```

LE DOCTYPE HTML5 À UTILISER POUR LES MOBILES

Différentes options sont possibles avec cette balise :

user-scalable=no : interdit le zoom par l'utilisateur, à vous de le définir ;

initial-scale : affiche la page sans zoom, c'est la taille par défaut au chargement de la page, très pratique ;

width=device-width : indique au navigateur la taille de la page à afficher. Soit vous prenez la même taille que la taille de l'appareil, soit vous pouvez donner une valeur différente en pixel. C'est à vous de voir en fonction du résultat que vous souhaitez obtenir sur le périphérique auquel le site est destiné.

Ecrire le doctype pour un site mobile

Vous pouvez définir la fenêtre d'affichage dans la feuille de style CSS en utilisant la balise viewport.

height, c'est la même chose que width sauf que c'est pour la hauteur.

minimum-scale c'est le zoom minimum possible sur la page par l'utilisateur.

maximum-scale : le zoom maximum possible sur la page par l'utilisateur.

target-densityDpi : fonctionne exactement comme width et height mais définit la densité de l'écran. Vous pouvez mettre une valeur réelle ou définir votre propre valeur ou encore device-dpi.

Cette dernière n'est plus supportée par Chrome et ne l'était déjà pas par d'autres, donc n'utilisez pas cet attribut.

Les valeurs par défaut de minimum-scale et maximum-scale sont respectivement 0.25 et 1.6 et la valeur initiale, initial-scale, doit se situer entre ces deux valeurs, c'est le zoom utilisé par défaut sur la page.

LE DOCTYPE HTML5 À UTILISER POUR LES MOBILES

Résumé du chapitre

Je vous conseille d'utiliser le doctype HTML 5 sur vos pages, sur vos sites à destination des mobiles.

En plus du doctype, HTML5 vous permet d'écrire des pages Web qui s'adaptent automatiquement en fonction du périphérique de l'utilisateur.

Le gabarit que nous avons vu au début du livre est toujours valable pour les mobiles, tout comme les balises que nous avons vues pour la mise en page, les liens, les images, les formulaires, etc. !

LE DOCTYPE HTML5 À UTILISER POUR LES MOBILES

Notes

....
....
....
....
....
....
....
....
....
....
....
....
....
....
....
....
....
....
....

LE DOCTYPE HTML5 À UTILISER POUR LES MOBILES

CHAPITRE 16.
Créer du texte multi-lignes et un background avec canvas

◆

Apprenez à créer du texte sur plusieurs lignes et à changer l'arrière-plan dans canvas grâce à une nouvelle fonctionnalité mise à votre disposition.

Récemment, pendant le développement d'un jeu sur le Web pour mobile avec HTML 5 et la balise canvas, je me suis heurté à un problème de mise en forme du texte. Vous avez sûrement dû rencontrer ce même problème si vous développez avec la balise canvas.

Il s'agit de la gestion du texte sur plusieurs lignes.

Avec canvas, vous pouvez très facilement afficher du texte. Par contre, pour l'afficher sur plusieurs lignes et avec un fond de couleur donc un background, c'est un peu long et fastidieux.

Bien évidemment, c'est tout à fait faisable avec HTML 5, mais c'est plutôt long et fastidieux.

Sur Internet, il existe des fonctions qui permettent de faire cela. En plus de gérer les sauts de ligne, vous pouvez fournir une largeur. Puis, vous passez votre texte, il sera automatiquement mis en forme dans ce bloc.

Si vous avez déjà développé avec ActionScript Flash, vous savez de quoi je parle.

CRÉER DU TEXTE MULTI-LIGNES ET UN BACKGROUND AVEC CANVAS

Il s'agit bien de textfield, c'est génial !

Et j'ai rajouté la possibilité de renseigner les sauts de lignes, des \n en plus. Avec l'espacement entre les différentes lignes et le fond de couleur, vous avez une fonction très pratique et très simple d'utilisation.

J'ai modifié et amélioré le code disponible sur Internet avec toutes ces fonctionnalités. Je suis quasi-certains que vous allez apprécier cette fonction.

```
function addMultiLineText(text, x, y, lineHeight,
fitWidth, oContext, bDebug)
{
 var draw = x !== null && y !== null;

 // pour la gestion des sauts de ligne manuels
 text = text.replace(/(\r\n|\n\r|\r|\n)/g, "\n");
 sections = text.split("\n");

 var i, str, wordWidth, words, currentLine = 0,
 maxHeight = 0,
 maxWidth = 0;

var printNextLine = function(str)
{
 if (draw)
 oContext.fillText(str, x, y + (lineHeight *
currentLine));

 currentLine++;
 wordWidth = oContext.measureText(str).width;

 if (wordWidth > maxWidth)
 maxWidth = wordWidth;
};

for (i = 0; i < sections.length; i++)
{
```

CRÉER DU TEXTE MULTI-LIGNES ET UN BACKGROUND AVEC CANVAS

```
words = sections[i].split(' ');
index = 1;

while (words.length > 0 && index <= words.length)
{
str = words.slice(0, index).join(' ');
wordWidth = oContext.measureText(str).width;

if (wordWidth > fitWidth)
{
if (index === 1)
{
str = words.slice(0, 1).join(' ');
words = words.splice(1);
}
else
{
str = words.slice(0, index - 1).join(' ');
words = words.splice(index - 1);
}

printNextLine(str);
  index = 1;
}
else
index++;
}

if (index > 0)
printNextLine(words.join(' '));
}

maxHeight = lineHeight * (currentLine);

if (bDebug)
 // Encadre le texte dans un rectangle
 oContext.strokeRect(x, y, maxWidth, maxHeight);
```

CRÉER DU TEXTE MULTI-LIGNES ET UN BACKGROUND AVEC CANVAS

```
if (!draw)
{
 return {
  height: maxHeight,
  width: maxWidth
 };
}

};
```

Elle s'appelle addMultiLineText. Elle gère les sauts de lignes automatiques et les sauts de lignes manuels. Vous avez une zone de debug qui encadre le texte dans un rectangle. Et vous pouvez obtenir la hauteur et la largeur du texte généré. Très pratique si vous en avez besoin derrière pour faire un autre traitement.

```
function addTextBackground(oContext, x, y, width, height, color)
{
 oContext.save();
 oContext.textBaseline = 'top';
 oContext.fillStyle = color;
 oContext.fillRect(x, y, width, height);
 oContext.restore();
}
```

Et la fonction addTextBackground ajoute une couleur de fond sous le texte. Une utilisation très simple : vous transmettez la position du background, sa couleur et le texte HTML 5. C'est aussi simple que ça !

voici les différents paramètres : vous transmettez le texte, la position du texte, la hauteur des lignes, la largeur, la largeur du texte que vous voulez, le contexte. Et soit vous activez ou non le debug. Puis, vous intégrez vos deux fichiers JavaScript tout simplement dans votre page html.

```
function Main()
```

CRÉER DU TEXTE MULTI-LIGNES ET UN BACKGROUND AVEC CANVAS

```
{
 console.log("Main");
   var oDivGame =
document.getElementById("idGameDiv");

 var canvas = document.createElement("canvas");
 canvas.setAttribute("width", 650 + "px");
 canvas.setAttribute("height", 550 + "px");

 oDivGame.appendChild(canvas);

 ctx = canvas.getContext('2d');
   ctx.fillStyle = "#00C5DF";// couleur du texte
 ctx.font = "17px Arial";

 var x = 0,
 y = 0,
 width = 350,
 height = 130,
 nSpace = 20,
 text = "Bonjour, \nBienvenue sur Développement
Facile \nUn texte de plus en plus long à l'écran
pour montrer les sauts de lignes automatiques ! \n
\nÀ Bientôt.";

 addTextBackground(ctx, x, y, width, height,
'#fff' );
 addMultiLineText(text, x+10, y+20, nSpace, width,
ctx);

 x = 50;
 y = 170;
 width = 269;
 height = 230;
 nSpace = 28;

 text = "Bonjour, \nBienvenue sur Développement
Facile. Un texte de plus en plus long à l'écran
```

CRÉER DU TEXTE MULTI-LIGNES ET UN BACKGROUND AVEC CANVAS

```
pour montrer les sauts de lignes automatiques ! \
nÀ Bientôt.";

 addTextBackground(ctx, x, y, width, height,
'#FF8000' );
 addMultiLineText(text, x+10, y+20, nSpace, width,
ctx);
}
```

Et dans votre page principale :

```
<script type="text/javascript"
src="include/js/text-multi.js"></script>
<div id="idGameDiv" />
```

Vous utilisez une balise div identifiée avec un id idGameDiv. Vous créez une balise canvas de la taille dont vous avez besoin. Et vous récupérez le contexte en 2D pour écrire votre texte dans le HTML 5

Vous définissez la position du texte, du background, sa largeur, sa hauteur, l'espace entre chaque phrase. Puis, vous transmettez le background pour créer votre background avec la couleur. Pour tous les paramètres, c'est identique. Pour ajouter le texte multi lignes, vous apercevez les sauts de lignes sur l'exemple ci-dessus. Voilà tout simplement.

Vous positionnez le background et le texte. Et vous mettez votre texte sur une seule ligne ou avec des \n si vous le souhaitez, ce n'est pas obligatoire. Vous obtenez le même texte, mais sans les sauts de ligne, vous allez voir que le découpage se fait automatiquement.

C'est une fonctionnalité sans prétention mais qui va vous être extrêmement utile pendant le développement de vos applications de vos jeux HTML 5. Et pour cause j'en ai eu besoin lorsque j'étais en train de développer un jeu, c'est une fonction qui m'a énormément aidé. J'espère qu'elle va aussi vous aider. Elle est

CRÉER DU TEXTE MULTI-LIGNES ET UN BACKGROUND AVEC CANVAS

vraiment très partique et il n'y a rien de plus simple à utiliser.

Résumé du chapitre

Spécifiquement pour la balise canvas, vous avez trouvé dans ce chapitre un moyen de traiter un problème courant : le texte multiligne. Vous avez également vu comment gérer l'arrière-plan de ce texte.

Maintenant c'est à vous de jouer, utilisez cette fonction avec du texte de couleur, avec un fond de couleur, vous choisissez la couleur de texte et tout ce qu'il vous faut comme paramètres.

CRÉER DU TEXTE MULTI-LIGNES ET UN BACKGROUND AVEC CANVAS

Notes

2ème partie.
CSS3

———— ♦ ————

Après avoir vu le contenu de vos pages, voyons maintenant leur présentation et de quoi harmoniser votre site. Il est possible de modifier le style d'une balise directement dans le code HTML. Mais il est préférable, voir obligatoire parfois, de le spécifier avec CSS, un langage très lié à HTML. Nous avons parfois abordé ce sujet dans la partie précédente, il est temps d'approfondir tout ça et de voir des exemples concrets d'utilisation !

Le langage CSS vous permet de définir des propriétés à appliquer sur les différentes balises HTML utilisées dans votre site. Cela permet de créer des thèmes graphiques pour votre site.

Si chaque page HTML doit référencer le code CSS, ce dernier n'est pas obligatoirement dans la page, il peut être dans un fichier à part. Ainsi, vous pouvez définir un fichier CSS pour la présentation générale de votre site et l'intégrer dans toutes vos pages web.

Votre site peut alors évoluer rapidement et facilement puisque le code pour la présentation se trouve à un seul et unique endroit.

Et cerise sur le gâteau, puisque c'est dans un fichier à part, vous venez de séparer le code traitant les données de la présentation. Si vous avez plusieurs développeurs, alors ils pourront modifier soit la page HTML, soit le code CSS, sans se gêner.

2ÈME PARTIE. CSS3

2ÈME PARTIE. CSS3

CHAPITRE 17.
Maîtriser les bases de CSS3

---◆---

Beaucoup d'entre vous me les ont demandés, quand est-ce qu'arrivent les cours sur CSS 3 ?

Nous voulons ajouter des effets sympa, un design sympa sur notre site Internet.

Voici les nouveaux cours consacrés à CSS 3.

Bien évidemment, il y a de nombreux débutants parmi vous, mais aussi des professionnels et des experts, je vais commencer par les bases de CSS 3. Et au fur et à mesure des cours, vous allez monter crescendo en compétence. Ce cours est consacré aux bases CSS 3.

Utilité des feuilles de style

Les feuilles de styles sont indispensables avec HTML 5. HTML 5 permet de créer la structure de votre site web, avec un en-tête, un menu, des articles, un pied de page et widgets sur le côté.

Avec HTML 5, vous allez créer cette structure. Et vous allez ajouter du CSS pour obtenir un design magnifique, très joli et agréable à regarder par vos utilisateurs, avec des effets sympas.

Avec CSS, vous pouvez créer des menus, des effets, des

MAÎTRISER LES BASES DE CSS3

fondus d'images... Vous allez découvrir tout cela.

Tout d'abord, il est très important d'organiser votre code en séparant le contenu de la présentation.

Vous avez votre contenu HTML d'un côté et vous faites votre présentation avec CSS de l'autre. Donc dans des fichiers CSS à part, toujours.

Cela va simplifier votre code et vous permettra une maintenance de site beaucoup plus facile et une meilleure accessibilité.

Je vous encourage toujours à utiliser le validateur en ligne du W3C pour le CSS, il va vous permettre de fournir des pages respectueuses des normes du W3C : jigsaw.w3.org/css-validator.

Bien évidemment, vous pouvez valider vos fichiers CSS et vos fichiers HTML. Ils seront accessibles pour la majorité des navigateurs et des périphériques, comme les ordinateurs, tablettes, smartphones, ou télévision.

Les sélecteurs CSS

Voyons tout de suite à quoi ressemble du code CSS, en commençant simplement :

```
h2{
font-style: bold;
background-color: #cccccc;
color: #097B6B;
}
```

Ici, vous avez utilisé un sélecteur de balise. Sur votre page HTML, dès que vous utiliserez la balise h2 pour mettre un titre de niveau 2, la même mise en forme sera appliquée : le texte sera en gras, sur un arrière-plan de couleur #cccccc et le texte sera lui aussi en couleurs, mais avec une valeur #097B6B.

MAÎTRISER LES BASES DE CSS3

Autre exemple, les sélecteurs de classe :

```
.txtItalic { font-style : italic; }
```

Un sélecteur de classe se décrit en commençant par un point suivi de son nom. Choisissez un nom suffisamment parlant pour éviter de rechercher le code CSS pour connaître la mise en forme.

Puis, vous définissez une classe txtItalic dont la seule utilité est de mettre le texte en italique. Dans la page HTML, vous l'appliquerez grâce à l'attribut class dans des balises telles que div, span, p, etc. :

```
<span class="txtItalic">Texte en italique</span>
```

Notez que là, vous ne mettez pas le point avant le nom de classe.

Il faut savoir qu'une même classe, vous pouvez l'appeler plusieurs fois, dans plusieurs div différents, plusieurs pages, plusieurs paragraphes, autant de fois que vous voulez.

Continuons avec un troisième cas et un troisième exemple :

```
#txtCenter { text-align: center; }
```

C'est un sélecteur d'identifiant, là c'est un dièse au lieu d'un point avant le nom de la classe. #le nom de l'identifiant et vos propriétés CSS, dans div ou dans span ou dans p, vous utilisez un id, avec le nom de cet identifiant pour appliquer le style CSS :

```
<div id="txtCenter">Texte centré par sélecteur d'identifiant</div>
```

Rappelez-vous que vous pouvez appeler les classes CSS autant de fois que vous le souhaitez dans un document HTML. Mais avec un identifiant, vous ne pouvez les appeler qu'une seule fois, bien évidemment rien ne vous empêche de le mettre plusieurs fois, mais votre code HTML ne sera pas valide W3C.

MAÎTRISER LES BASES DE CSS3

L'identifiant est fait pour n'être appelé qu'une seule fois dans votre document HTML, après tout, c'est un identifiant.

Voilà, vous avez les différents sélecteurs en CSS qui vous seront très utiles, vous allez vous en servir tout le temps !

Les commentaires CSS

Pour écrire des commentaires en CSS, c'est vraiment très simple, /* */.

<u>Par exemple :</u>

```
/* Ceci est un commentaire CSS */
```

Faites attention, les commentaires CSS apparaissent dans le code source de votre page. Les commentaires que vous mettez dans les fichiers CSS sont donc lisibles par vos internautes. C'est aussi valable pour les commentaires HTML et les commentaires JavaScript.

Ne mettez surtout pas d'informations, ni de données sensibles dedans. Indiquez simplement, par exemple, que vous voulez définir la couleur des boutons, leur taille pour tel ou tel formulaire.

Les unités de mesure CSS

Autre élément incontournable pour écrire du CSS, les unités de mesure. Vous pouvez définir des pourcentages dans vos feuilles de styles.

Par exemple pour la taille de la police, les largeurs/hauteurs respectivement avec width/height, c'est souvent défini en pourcentage de la page. Cela permet un affichage correct quelle que soit la taille de l'écran de l'utilisateur, sur un smartphone, une tablette, ou un écran d'ordinateur.

Si vous renseignez 50 %, la largeur s'affiche sur 50 % de l'écran.

em est une unité relative qui se base sur la taille de la police par défaut de la page. Et vous avez l'unité définie en pixels. J'utilise les pixels et les pourcentages, et c'est ce que je vous conseille d'utiliser.

Exemple :

```
table
{
 width: 90%;
 cellpadding: 10px;
}
```

Les couleurs CSS

Les différentes couleurs en CSS peuvent être définies en hexadécimal. L'hexadécimal utilise les trois composantes : rouge, vert et bleu.

Vous pouvez définir des couleurs en hexadécimal abrégé : par exemple DC2, correspond à DDCC22. Il faut savoir que certaines couleurs ne peuvent pas être abrégées. Le but est d'abréger vos couleurs hexadécimales quand vous le pouvez.

Plus votre fichier CSS est petit en taille, plus votre site Internet va s'afficher rapidement sur l'ordinateur de votre visiteur.

Exemple :

```
background-color : #FF9900;
```

Vous pouvez définir des couleurs en décimales, avec les couleurs RGB ou RVB. C'est encodé par un nombre entier compris entre 0 et 255. Ce n'est pas très utilisé mais vous pouvez le faire, ça ne pose aucun problème.

MAÎTRISER LES BASES DE CSS3

Vous pouvez utiliser également des pourcentages pour définir votre couleur RGB. Zéro pour absence de la composante tandis que 100 %, elle est à son maximum. C'est toujours les couleurs rouge, vert, et bleu que vous définissez, un mélange des trois couleurs primaires.

Exemples :

```
background-color: rgb(255,153,0);
```

```
background-color: rgb(100%,67%,0%);
```

Et vous pouvez également définir des couleurs CSS grâce à des mots-clés en anglais, qui représentent les couleurs basiques comme green pour vert, yellow pour jaune, blue pour bleu, orange pour orange, white pour blanc, black pour noir, red pour rouge, etc.

Exemple :

```
color: orange;
```

Vous avez tout un panel de possibilités pour définir les couleurs dans vos fichiers CSS. Après, libre à vous de choisir ce que vous préférez utiliser. Le but, c'est que cela vous soit parlant.

CSS intégré à une balise HTML 5

C'est bien beau ces balises, mais on les met où ?

Vous pouvez intégrer du CSS dans des balises HTML 5, pour être beaucoup plus rapide. Pour des pages très simples, vous n'avez pas besoin de créer une feuille de style .CSS. Si c'est juste pour mettre une seule ligne sur une balise, vous n'avez pas besoin de mettre le style CSS dans le document, vous pouvez l'intégrer directement sur une balise.

MAÎTRISER LES BASES DE CSS3

Exemple :

```
<h1 style="font-style: bold;">Titre de l'article 1</h1>
```

```
<h1>Titre de l'article 2</h1>
```

Sur cet exemple, vous utilisez deux titres de niveau 1. Ils seront tous les deux écrits plus gros que le reste du texte de votre page. Par contre, le premier sera en gras tandis que le second utilisera uniquement avec le style par défaut, donc il ne sera pas en gras.

Ce style est donc à manier avec précaution, car le texte ne respectera peut-être pas le style de votre site. Et surtout ce type de codage ne permet pas de faire évoluer la présentation de votre site. Utilisez cette technique pour des petites pages ou pour des cas très particuliers.

CSS dans la page HTML 5

Il est préférable de mettre votre CSS à un seul et même endroit. Ainsi, la mise en page s'appliquera, non pas comme l'exemple ci-dessus à un endroit précis pour un élément précis de votre page, mais à l'ensemble des balises de votre page. Et si vous voulez faire évoluer la présentation, tout est à un seul endroit sur votre page.

Pour cela, vous mettez votre code CSS dans l'en-tête de votre page HTML, à l'intérieur d'une balise style.

Exemple :

```
<html lang="fr">
<head>
<title>HTML5</title>
<meta charset="UTF-8">
```

MAÎTRISER LES BASES DE CSS3

```
<style type="text/css">
 h1 { color: #336699; }
 #txtCenter { text-align: center; }
 #txtSouligne { text-decoration: underline; }

 span { font-weight: bold; }
 .txtItalic { font-style : italic; }
 #title { font-size: 32px; }
</style>

</head>

<body>...</body>
</html>
```

CSS dans un fichier .css

Encore mieux, vous pouvez définir vos propriétés CSS dans un fichier CSS, c'est ce que je vous conseille le plus. Cela va rendre votre code beaucoup plus lisible et beaucoup plus maintenable dans le temps.

Pour cause, d'un côté vous aurez vos fichiers CSS, et d'un autre côté vos fichiers HTML. Et encore aileurs, vous aurez vos fichiers JavaScript.js. Je vous conseille (très) fortement d'utiliser un seul, ou plusieurs fichiers CSS.

Ensuite, pour les intégrer dans votre document HTML, il suffit d'utiliser la balise link avec les attributs rel="stylesheet" type="text/css" et href qui est le lien vers votre fichier CSS, qu'il soit hébergé sur votre site ou sur un autre site internet, vous renseignez l'URL style.css.

Exemple :

```
<html lang="fr">
<head>
<link rel="stylesheet" type="text/css" href="monFichierCss.css"/>
```

MAÎTRISER LES BASES DE CSS3

```
...
</head>
```

```
...
</html>
```

Dans le fichier monFichierCss.css, vous mettez directement le code CSS qui vous intéresse. Le format est directement comme ce que nous avons vu depuis le début du chapitre :

```
body{
  font-size: 12px;
  font-family: Arial;
}
```

Les CSS importés

Vous pouvez également utiliser les CSS importés. Vous pouvez mettre la balise @import dans un fichier CSS ou dans un fichier HTML 5. Et automatiquement, le chargement d'un autre fichier CSS sera lancé. Dans les gros sites Internet complexes, si vous mettez tout dans le même fichier CSS, il va être énorme et vous n'allez plus vous y retrouver dans tout votre code.

Alors qu'avec @import URL(le nom de votre CSS.css) dans un fichier CSS, vous allez pouvoir créer plusieurs fichiers CSS. un pour l'en-tête de votre page, un autre pour votre pied de page, encore un autre pour le contenu de vos articles, pour votre menu... Et vous allez ensuite ajouter des @import URL, ou vous pouvez utiliser la balise link avec href="monFichierCss.css", selon votre préférence.

Exemple dans une page HTML5 :

```
<style type="text/css">
@import url(monFichierCss.css);
</style>
```

MAÎTRISER LES BASES DE CSS3

Les priorités CSS

Il y a des priorités dans les fichiers CSS. Lorsqu'il y a plusieurs éléments provenant de plusieurs feuilles de style, de plusieurs CSS, il y a des priorités. Par ordre croissant de priorité, de la plus basse à la haute, vous avez :

1. Les propriétés du navigateur
2. Les feuilles de style externes
3. Les feuilles de style internes
4. Les feuilles de style en ligne

La priorité la plus haute, c'est les feuilles de styles en ligne, ce que je vous conseille justement, d'utiliser.

Sinon, vous avez la balise !important, elle veut dire qu'il est carrément possible de passer outre toutes ces priorités, en utilisant la valeur !important.

Par exemple :

```
h1 { font-style: bold !important; }
```

Ici, signifie que h1 peut être défini dans une feuille de style en ligne, interne ou externe, peu importe. Avec la balise !important, h1 sera forcément écrit en gras car la priorité est maximum sur !important.

Résumé du chapitre

Vous avez vu dans ce chapitre comment définir votre code CSS, c'est-à-dire la présentation associée aux balises HTML de votre page.

Vous pouvez gérer ce code directement dans votre page HTML ou, mieux, dans un fichier séparé. Et vous pouvez également ajouter des liens entre différents fichiers CSS.

MAÎTRISER LES BASES DE CSS3

MAÎTRISER LES BASES DE CSS3

Notes

MAÎTRISER LES BASES DE CSS3

CHAPITRE 18.
Mettre en forme votre texte avec CSS3

Dans la partie précédente, vous avez appris à mettre en forme votre texte avec les balises HTML 5. Maintenant, vous allez pouvoir mettre en forme directement votre bloc de texte grâce à des balises CSS 3.

Il est très important que votre code HTML et CSS soit lisible. Je vous conseille d'utiliser des feuilles de style, dans le code de la page HTML. Ou mieux, quand vous aurez des longues feuilles de styles avec énormément d'indications graphiques, utilisez des fichiers CSS à par. Des fichiers .css qui vont contenir la mise en forme à la fois de votre texte, de votre site internet et de votre page Web.

Vous aurez, en gros, sur un site Internet imposant et complexe plusieurs fichiers CSS :

un fichier CSS d'en-tête, un fichier CSS pour les catégories et un autre pour le corps de la page. Et cette organisation va vous permettre de retrouver très facilement, très rapidement le code source concerné. Il devient très facile de modifier les mises en forme, d'ajouter les modifications nécessaires au niveau graphique CSS.

Commençons tout de suite avec les premières balises...

METTRE EN FORME VOTRE TEXTE AVEC CSS3

Texte en gras

Pour mettre un texte en gras, c'est vraiment très simple, utilisez la balise font-weight: bold.

Exemple :

```
<style type="text/css">
span { font-weight: bold; }
</style>
```

Remarquez l'utilisation de la balise style : vous attribuez à la balise HTML style font-weight : bold ;

Tout le texte qui sera dans une balise span dans la page HTML sera écrit en gras. C'est une autre façon de mettre le texte en gras. L'avantage de mettre votre texte en gras de cette façon, c'est que dans votre balise span, vous pouvez mettre également la couleur du texte, la taille du texte, etc. C'est l'intérêt d'utiliser les balises CSS, justement.

Dans les exemples suivants, la balise style ne sera plus précisée, mais vous devrez toutefois l'ajouter dans votre page HTML.

Texte en italique

Idem pour le mettre en italique, utilisez font-style: italic.

Exemple pour votre CSS :

```
.txtItalique { font-style: italic; }
```

Puis pour le contenu HTML :

```
<div class="txtItalique">HTML5</div> sur la première ligne
```

Même principe de fonctionnement, vous définissez une balise CSS txtItalique font-style: italic, puis vous spécifiez dans une

METTRE EN FORME VOTRE TEXTE AVEC CSS3

balise HTML - par exemple span ou div - l'utilisation d'une classe txtItalique. Alors "HTML5" est écrit en italique, et le texte "sur la première ligne" avec une écriture normale.

Quand vous utilisez la balise div seule, votre texte ne sera pas en italique, mais si vous spécifiez la classe txtItalique, alors votre texte sera en italique. C'est le grand intérêt des classes CSS définies, vous pouvez mettre la classe txtItalique sur tout type de balises comme une balise div, span, p (paragraphe), dès que vous en avez besoin.

La taille du texte

La balise font-size, avec une valeur en pixels ou en EM, vous permet de modifier la taille du texte.

Exemple :

Dans le CSS :

```
#title { font-size: 32px; }
```

Dans la page HTML :

```
<div id="title">HTML5 32 pixels sur la première ligne !</div>
```

font-size: 32px modifie la balise div, identifiée par l'id title. Tout à l'heure, je vous ai montré en utilisant une classe, txtItalique. Là, vous allez utiliser un identifiant - il n'y aura qu'une seule balise avec un identifiant title -, donc un seul titre dans votre page HTML, qui aura une taille 32.

Utilisez les classes CSS, utilisez un identifiant CSS, là c'est #title (le dièse pour un identifiant), .txtItalic pour une classe (avec un point comme préfixe), vous avez déjà de quoi faire avec les exercices sur CSS.

METTRE EN FORME VOTRE TEXTE AVEC CSS3

La couleur du texte

Ensuite, vous pouvez définir, bien évidemment, la couleur de votre texte. Vous pouvez mettre un code couleur HTML, un code couleur en hexadécimal ou en RGB. Vous avez plusieurs choix, avec une écriture en abréviation, de votre code couleur. C'est ce que vous avez appris dans le premier chapitre, sur les bases de CSS3.

Exemple :

```
h1 { color: #336699; }
```

Pour mettre toutes les balises H1 en couleur, vous faites H1 dans votre feuille de style color. Et à chaque fois que vous mettez une balise H1 dans votre texte, dans votre page HTML, elle sera de la couleur que vous avez définie. Bien évidemment, vous pouvez cumuler, dans la balise H1, plusieurs indications CSS, comme font size, font weight, italic, etc.

Aligner du texte

Pour définir l'alignement du texte, vous allez utiliser la balise text-align: center.

Exemple :

```
#txtCentre { text-align: center; }
```

Cette balise va centrer le texte de la balise div identifiée par un id txtCentre. Remarquez le code source de la feuille de style, c'est #txtCentre, cela cible une balise qui contient l'id txtCentre. Vous mettez text-align: center et vous avez les valeurs left, right, justify pour l'alignement de votre texte.

Texte souligné

METTRE EN FORME VOTRE TEXTE AVEC CSS3

Vous pouvez effectuer la mise en forme pour du texte souligné avec la balise text-decoration: underline. Rappelez-vous les liens dans les pages HTML ils sont souvent soulignés. Vous pouvez effectuer la même mise en forme pour des titres, des parties de textes que vous voulez mettre en valeur, avec text-decoration: underline.

Exemple :

```
#txtSouligne { text-decoration: underline; }
```

Vous utilisez un identifiant dans la feuille de style, avec text-décoration: underline. La balise div qui utilise l'identifiant txtSouligne dans la page HTML sera soulignée.

Vous pouvez modifier l'affichage du texte avec text-decoration. C'est une propriété qui vous permet de choisir le style affichage de votre texte.

Dans l'exemple, vous apercevez underline, elle va souligner le texte, c'est très utilisé pour les liens.

Vous avez également overline, qui va surligner le texte.

line-trought va carrément barrer le texte et none enlève toutes apparences prédéfinies.

C'est comme ça que vous pourrez créer des liens qui ne sont pas soulignés dans une page html par exemple.

Vous pouvez cumuler plusieurs décorations, comme dans l'exemple ci-dessous :

```
.txt30 { text-decoration: underline overline;}
```

Ce sont des exemples de code source très basiques pour que vous compreniez directement à la fois comment utiliser les classes CSS, et text-decoration. Si vous souhaitez enlever le lien, la barre qu'il y a sous les liens, donc les liens soulignés, vous pouvez le faire très facilement avec text-decoration: none.

METTRE EN FORME VOTRE TEXTE AVEC CSS3

Résumé du chapitre

Dans ce chapitre, vous avez découvert les premières balises essentielles pour mettre en forme votre texte : en gras, en italique, souligné, en couleur, etc.

METTRE EN FORME VOTRE TEXTE AVEC CSS3

Notes

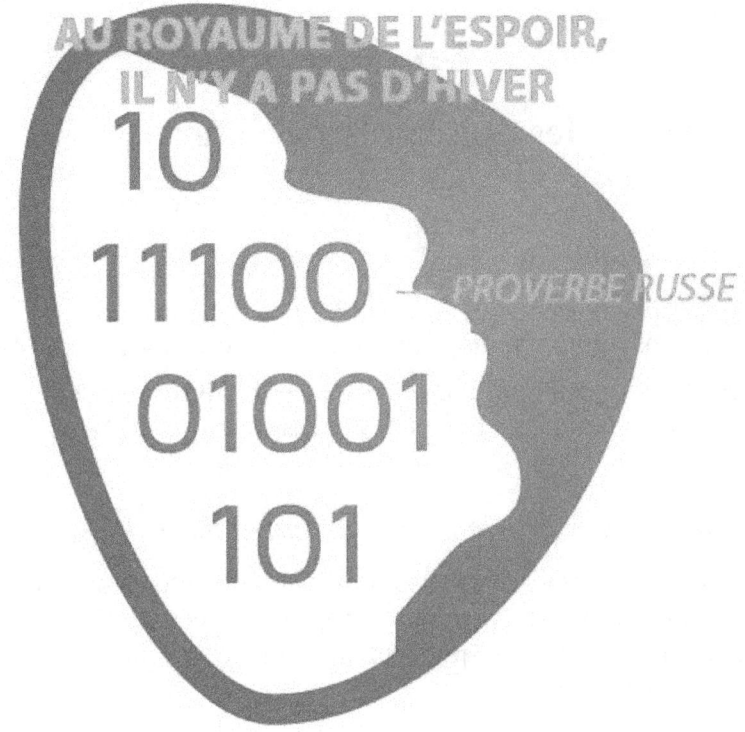

CHAPITRE 19.
Utiliser les polices de caractères avec CSS3

Ensemble, nous continuons à découvrir les nouvelles possibilités offertes par CSS3. Ce chapitre est consacré aux polices de caractères avec CSS et comment les utiliser.

L'utilisation d'une police de caractères

Vous pouvez utiliser des polices de caractères avec CSS. Dans la première partie, vous allez apprendre à utiliser les polices de caractère communes qui sont déjà présentes sur l'ordinateur de votre internaute.

Dans la deuxième partie, vous allez apprendre à utiliser les polices de caractères importées, vos propres polices personnalisées qui sont originales. L'utilisateur va les télécharger sur son PC pour afficher votre site internet.

Maintenant, place aux polices de caractères qui sont déjà présentes sur son ordinateur, et comment les utiliser. Il suffit d'utiliser la balise font-family : Arial.

Exemple :

```
h1 { font-family: "Arial"; }
```

Ainsi, tous les textes contenus dans une balise h1 auront une police Arial.

UTILISER LES POLICES DE CARACTÈRES AVEC CSS3

Le style d'une police de caractères

Vous pouvez définir le style d'une police de caractères. Vous l'avez déjà appris dans un cours précédent. En italique, avec font-style italic, font-weight bold en gras, et pour définir la taille de la police c'est font-size avec une valeur en pixels, ou EM.

Exemple :

```
h1 {
  font-family: "Arial";
  font-style: italic;
  font-size: 43px;
}
```

Titre de l'article 1

Mise en forme de la balise H1

Voici un exemple de code source où vous pouvez cumuler plusieurs balises CSS pour le même élément. Pour h1, vous utilisez la police de caractères Arial. Vous l'affichez en italique et d'une taille de 43 pixels. Dans votre document HTML, à chaque fois qu'il y aura des balises h1, elles seront avec la police Arial, en italique et de 43 pixels pour la hauteur du texte.

Autre exemple :

```
h2{
  font-family: "Impact";
  background-color: #cccccc;
  color: #097B6B;
  font-size: 30px;
}
```

UTILISER LES POLICES DE CARACTÈRES AVEC CSS3

Titre de l'article 2

Mise en forme de la balise H2

Les polices système

Vous pouvez utiliser toutes les polices qui sont présentes sur l'ordinateur de votre utilisateur, il s'agit des polices système.

Vous pouvez aussi accéder aux polices systèmes spécifiques. Par exemple, font: caption pour utiliser les polices associées au bouton.

font: icon, pour les polices associées aux étiquettes d'une icône. Sous Mac, Linux et Windows, ce sera des polices différentes en fonction de l'OS. Prenez en compte que votre texte va s'afficher avec des polices différentes si vous utilisez les polices système.

Vous avez aussi font: menu, la police associée au menu.

font: message-box, la police associée aux fenêtres des boîtes de dialogue.

font: small-caption, les polices associées aux petites étiquettes, et font: status-bar, la police associée à la barre de statut.

Résumé du chapitre

Dans ce chapitre, vous avez vu comment utiliser les polices présentes sur l'ordinateur de votre utilisateur sur votre page Web. Pensez à en spécifier plusieurs, assez similaires, afin de palier au risque que la police ne soit pas sur son système.

Dans un prochain chapitre, vous verrez comment utiliser une

UTILISER LES POLICES DE CARACTÈRES AVEC CSS3

police présente sur Internet, et ainsi être sûr que l'utilisateur possèdera la police correcte.

UTILISER LES POLICES DE CARACTÈRES AVEC CSS3

Notes

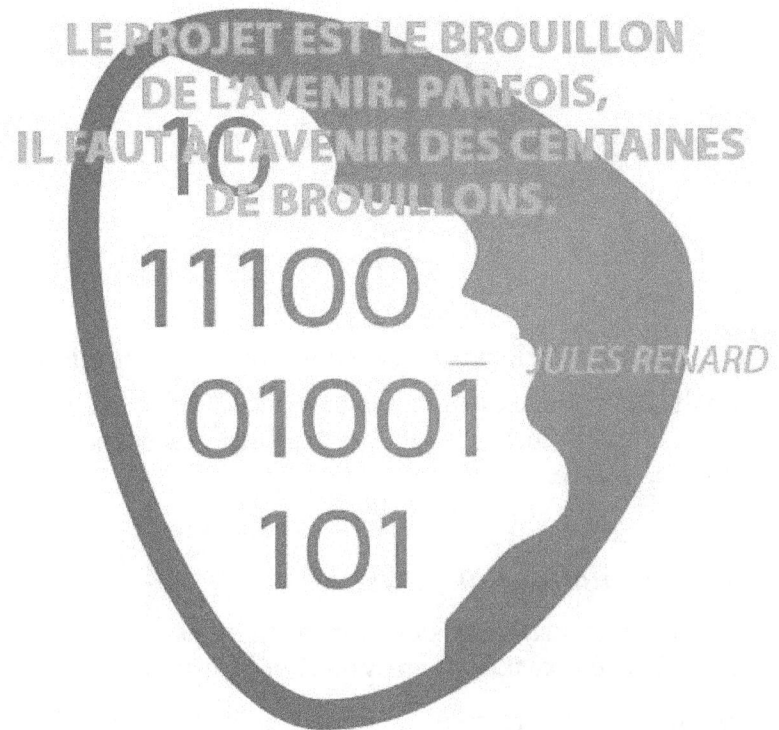

CHAPITRE 20.
Personnaliser votre texte avec CSS3 – partie 1

Ce nouveau chapitre est consacré à l'utilisation et la personnalisation des textes grâce aux balises CSS 3. Cette fois-ci, vous allez un peu plus loin que les chapitres précédents à propos de la mise en forme.

Les transformations du texte

Vous pouvez effectuer des transformations sur le texte en utilisant la balise text-transform. Vous avez plusieurs valeurs.

capitalize met la première lettre de chaque mot en majuscules, uppercase met toutes les lettres majuscules, lowercase toutes les lettres en minuscules et avec none il n'y a aucune modification des lettres.

Exemple :

```
.txt4 { text-transform: capitalize; }
```

Vous pouvez utiliser cette propriété CSS text-transform, surtout capitalize qui est très pratique pour vos titres, vos phrases d'accroche, votre slogan, sur votre site Internet. Ainsi, la première lettre de chaque mot est automatiquement mise en majuscule.

La transformation est effectuée par CSS, c'est génial, vous n'avez plus besoin d'utiliser du JavaScript, ou du PHP pour

PERSONNALISER VOTRE TEXTE AVEC CSS3 – PARTIE 1

effectuer votre transformation d'affichage. Faites-les directement avec CSS, c'est beaucoup plus rapide.

```
<p class="txt4">1ère lettre de chaque mot en majuscule</p>
<p class="txt2">Texte en Minuscules</p>
<p class="txt3">Texte en Majuscules</p>
```

1ère Lettre De Chaque Mot En Majuscule

texte en minuscules

TEXTE EN MAJUSCULES

Transformations du texte grâce à CSS 3

Indentation du texte

Vous pouvez indenter le texte, ajotuer un décalage du texte grâce à la balise <u>text-indent</u> et une valeur en pixels. C'est souvent utilisé sur la première ligne de texte d'un paragraphe, il est décalé, avect une indentation de quelques pixels.

Exemple :

```
.txt1 { text-indent: 32px; }
```

L'exemple ci-dessous est une indentation sur la classe txt1 à 32 pixels, la première partie du texte sera décalée de 32 pixels.

```
<style>
    .txt1 { text-indent: 32px;}
</style>
</head>
<body>
<p class="txt1">Le Lorem Ipsum est simplement du faux texte employé dans la composition et la en page avant impression...</p>
```

Le Lorem Ipsum est simplement du fa en page avant impression...

Indentation du texte

Définir l'espace entre les lettres

Vous pouvez définir l'espace entre les lettres, avec la

PERSONNALISER VOTRE TEXTE AVEC CSS3 – PARTIE 1

propriété <u>letter-spacing</u>. letter-spacing: 18px va définir de grands espaces de 18 pixels entre chaque lettres. Si vous mettez une valeur négative, elle va rapprocher les lettres entre elles, collées à -2 pixels par exemple.

Vous pouvez aussi définir l'espace entre les mots d'un texte (et pas les lettres) avec <u>word-spacing</u>. C'est exactement le même principe de fonctionnement, vous définissez votre valeur en pixels et les mots seront plus ou moins éloignés ou collés, suivant que vous utilisiez une valeur plus ou moins élevée.

Résumé du chapitre

Ce chapitre vous a présenté les premiers effets que vous pouvez appliquer à votre texte pour son affichage.

Préférez l'utilisation de CSS plutôt que d'ajouter dans le code de votre page différents éléments pour avoir l'affichage désiré, c'est plus évolutif et cela s'applique automatiquement à tout votre site.

PERSONNALISER VOTRE TEXTE AVEC CSS3 – PARTIE 1

Notes

....
....
....
....
....
....
....
....
....
....
....
....
....
....
....
....
....
....

PERSONNALISER VOTRE TEXTE AVEC CSS3 – PARTIE 1

CHAPITRE 21.
Personnaliser votre texte avec CSS3 – partie 2

---◆---

Dans le chapitre précédent, vous avez commencé à personnaliser l'affichage de votre texte. Il faut savoir qu'en CSS, vous pouvez ajouter énormément d'effets visuels sur les textes. C'est ce que nous allons voir dans cette deuxième partie consacrée à la mise en forme du texte avec CSS.

Définir l'interligne du texte

Vous pouvez définir l'interligne d'un texte. C'est-à-dire l'espace entre les lignes d'un texte, avec ligne-height. Très pratique quand vous écrivez des blocs de textes. Suivant votre site Internet et la police que vous utilisez, cela peut valoir le coup d'espacer un peu plus les différentes lignes d'un paragraphe pour un texte. Utilisez line-height.

Exemple :

```
.txt1 { line-height: 30px; }
```
```
.txt2 { line-height: -3px; }
```

Je passe assez vite sur l'exemple, line-height 30 pixels, -3 pixels. Vous verrez les différents exemples d'espace entre les lignes, des interlignes.

PERSONNALISER VOTRE TEXTE AVEC CSS3 – PARTIE 2

Maintenant avec l'ensemble des chapitres qu'il y a déjà eu sur CSS 3 et HTML 5, vous commencez à maitriser ce langage. En tout cas les nouvelles balises vous sont familières, je vais passer assez vite sur les exemples suivants.

Plus la valeur line-height est élevée, plus vous aurez de l'espace entre les lignes. Si la valeur est négative alors l'espace sera plus restreint.

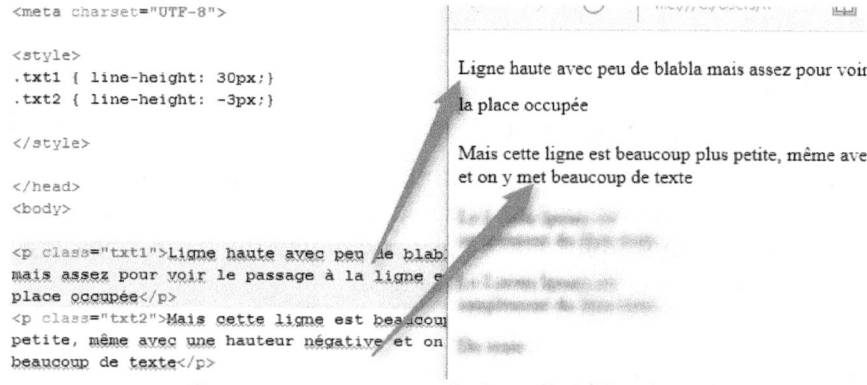

Deux espacements de lignes différents

Ajouter des espaces vides

Vous pouvez ajouter des espaces vides. Par défaut, le langage HTML ignore complètement les espaces, vous pouvez faire des sauts de lignes, des tonnes et des tonnes d'espaces dans votre code HTML, ils ne seront pas pris en compte. Les espaces sont automatiquement supprimés.

Par contre, il existe une balise CSS qui permet justement de conserver ces espaces vides. Elle s'appelle white-space: pre. Comment l'utiliser ?

Vous définissez une classe CSS ou un identifiant CSS. Puis, vous choisissez votre sélecteur CSS. white-space: pre et là, les

PERSONNALISER VOTRE TEXTE AVEC CSS3 – PARTIE 2

espaces vides sont conservés.

Exemple :

```
.txt10 { white-space: pre; }
```

Testez avec et sans, vous verrez que les espaces seront conservés ou non à l'affichage.

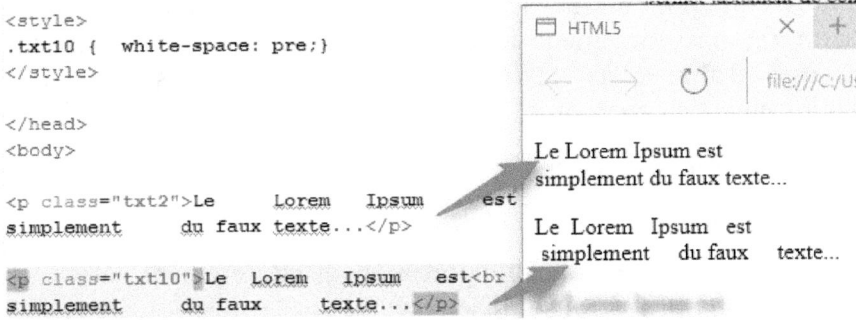

Pour conserver les espaces multiples entre les mots, il faut utiliser du code CSS

Alignement d'un texte

Vous pouvez définir l'alignement horizontal de votre texte, avec text-align: suivi du type d'alignement désiré.

justify pour justifier le texte,

left pour aligner le texte à gauche,

right pour l'aligner à droite,

center pour avoir un texte centré,

ou encore auto qui va choisir l'alignement par défaut de votre texte.

PERSONNALISER VOTRE TEXTE AVEC CSS3 – PARTIE 2

Un exemple de code source avec le texte aligné à droite :

```
.txt100 { text-align: right; }
```

Vous pouvez également définir l'alignement vertical de votre texte, avec vertical-align dans une ligne pour aligner en haut, en bas ou au milieu. Il y a différentes propriétés :

baseline pour aligner le texte par rapport au bas de la ligne de texte (et pas forcément le bas d'un élément HTML, baseline permet d'aligner le texte de différents éléments sans que l'utilisateur s'en aperçoive)

sub met le texte en indice.

super met le texte en exposant.

top aligne le texte par rapport au haut de l'élément parent, en haut de votre div si vous utilisez une div.

middle aligne le texte par rapport au milieu votre div.

bottom aligne le texte par rapport au bas.

Ce sont vraiment des propriétés CSS que vous devez connaître. Une fois que vous les connaissez elles sont très faciles à utiliser.

Voici des exemples de code source avec un texte en super, aligné au milieu, et aligné en bas :

```
.txt31 { vertical-align: super; }

.txt32 { vertical-align: middle; }

.txt33 { vertical-align: bottom; }
```

Définir la direction du texte

Vous pouvez définir la direction de votre texte. Les langues

PERSONNALISER VOTRE TEXTE AVEC CSS3 – PARTIE 2

européennes, américaines, se lisent de la gauche vers la droite.

Les langues arabes ou chinoises se lisent dans l'autre sens, de la droite vers la gauche.

Utilisez la balise direction : RTL (Right To Left) et LTR (Left To Right) pour modifier si besoin le sens de lecture. Par défaut, le texte est affiché LTR mais si vous vous adressez à un autre public, chinois par exemple, vous pouvez changer la direction d'affichage de votre texte grâce à la propriété de direction.

Exemples :

```
.txt41 { direction: rtl; }
```

```
.txt42 { direction: ltr; }
```

Définir la hauteur et la largeur

Vous pouvez définir la hauteur et la largeur de vos éléments. Que ce soit des div, des images, des span, des paragraphes, vous avez les propriétés de style :

width pour la largeur,

height pour la hauteur, en pixels ou en pourcentage, comme vous préférez.

Exemple :

```
.txt62 { width: 200px; }
```

Très pratique, ces propriétés CSS sont souvent définis en pourcentage. L'avantage du pourcentage c'est que si l'utilisateur consulte votre site sur une tablette, un smartphone, un écran d'ordinateur, ou une télé, les proportions d'affichage sont toujours respectées.

Si vous choisissez les pixels avec une résolution de

PERSONNALISER VOTRE TEXTE AVEC CSS3 – PARTIE 2

1920×1080, ou 450×640, ou 180×450, suivant le périphérique, alors vous n'avez pas le même nombre de pixels. Vous pouvez obtenir un rendu étrange de votre affichage.

Pensez à définir les largeurs et les hauteurs en pourcentage.

Résumé du chapitre

Encore plus que dans le chapitre précédent, vous avez vu ici des balises CSS pour organiser votre page Web, l'aérer et la rendre agréable pour votre utilisateur. Ces balises sont beaucoup plus pratiques que d'utiliser les balises <br /> pour passer à la ligne et séparer des paragraphes. (http://www.programmation-facile.com/techniques-personnaliser-texte-css3-partie-2/)

PERSONNALISER VOTRE TEXTE AVEC CSS3 – PARTIE 2

Notes

PERSONNALISER VOTRE TEXTE AVEC CSS3 – PARTIE 2

CHAPITRE 22.

Personnaliser les listes numérotées et imbriquées

CSS3 permet de personnaliser complètement l'affichage de vos listes. Vous allez créer des listes vraiment sympas pour vos sites web !

Définir le type de puce de la liste

Comment les utiliser ?

Rappelez-vous dans la partie HTML 5 avec les balises ol, li, ul, vous avez appris les listes numérotées, les listes imbriquées. Vous savez que CSS premet de les personnaliser. Il suffit d'utiliser la propriété CSS list-style-type: disc pour un cercle plein, circle pour un cercle vide, et square pour un carré.

Exemples :

```
.txt1 { list-style-type: disc; }

.txt2 { list-style-type: circle; }

.txt3 { list-style-type: square; }
```

PERSONNALISER LES LISTES NUMÉROTÉES ET IMBRIQUÉES

- Disque plein
- Cercle
- Carré

Différents types de puces

Vous pouvez afficher des nombres 1, 2, 3, 4, et aussi des nombres précédés de zéro : 01, 02, 03, 04, ou encore en chiffres romains en majuscules ou en minuscules avec respectivement :

```
.txt4 { list-style-type: decimal; }
```

```
.txt5 { list-style-type: decimal-leading-zero; }
```

```
.txt6 { list-style-type: upper-roman; }
```

```
.txt7 { list-style-type: lower-roman; }
```

4. Décimal
05. Décimal

I. Romain majuscule
ii. Romain minuscule

Puces au format décimal et romain

Vous pouvez aussi utiliser l'alphabet avec des listes A, B, C, etc. ou a, b, c, etc. avec respectivement :

```
.txt8 { list-style-type: upper-alpha; }
```

```
.txt9 { list-style-type: lower-alpha; }
```

C. Alphabet majuscule
d. Alphabet minuscule

Puces avec l'alphabet

PERSONNALISER LES LISTES NUMÉROTÉES ET IMBRIQUÉES

Vous avez de multiples possibilités prédéfinies avec CSS pour personnaliser la numérotation de vos listes, ou les puces correspondant à vos listes. Vous les utiliserez facilement comme sur l'exemple suivant :

```
<ul>
 <li class="txt1">Disque plein</li>
 <li class="txt2">Cercle</li>
 <li class="txt3">Carré</li>
 <li class="txt4">Décimal</li>
 <li class="txt5">Décimal</li>
</ul>
```

Choisir une image pour la puce

Vous pouvez également définir une image pour une puce. C'est-à-dire que vous pouvez mettre un petit logo qui représente votre puce, une image au format PNG, JPEG ou GIF, comme vous le souhaitez.

Vous utilisez la propriété list-style-image en renseignant l'URL, soit l'URL complète avec le nom de domaine, soit directement le fichier image, suivant comment vous avez organisé votre site Internet.

Exemple :

```
ul { list-style-image: url('puce.gif'); }
```

Avec l'exemple ci-dessus, l'image puce.gif sera utilisée pour toutes vos puces sous la balise ul. Vous pouvez déclarer vos listes comme dans l'exemple :

```
<ul>
 <li>Un élément</li>
 <li>Un autre élément</li>
</ul>
```

PERSONNALISER LES LISTES NUMÉROTÉES ET IMBRIQUÉES

L'option retrait

Vous pouvez également définir le retrait de votre liste par rapport aux autres éléments avec list-style-position, outside est la valeur par défaut, ou inside comme autre possibilité de valeur.

```
.txt10 { list-style-position: outside; }
```

```
.txt20 { list-style-position: inside; }
```

outside : c'est la présentation classique des listes à puces, où toutes les puces sont alignées de la même manière. Inversement, la valeur inside vous permet d'indenter uniquement la première puce, les autres seront alignées sur le marqueur par défaut.

Résumé du chapitre

Personnalisez votre site au maximum grâce à CSS. Ce chapitre vous a montré comment vos listes peuvent utiliser des éléments de base (les petits ronds, etc.) mais aussi tout élément que vous définissez vous-même (les puces sont affichées avec vos images).

PERSONNALISER LES LISTES NUMÉROTÉES ET IMBRIQUÉES

Notes

....
....
....
....
....
....
....
....
....
....
....
....
....
....
....
....
....

PERSONNALISER LES LISTES NUMÉROTÉES ET IMBRIQUÉES

CHAPITRE 23.
Utiliser les arrière-plans avec CSS3

Les images d'arrière-plans, ou background, sont très utilisées sur les sites web. Et tout cela est possible grâce aux propriétés CSS3 !

Définir la couleur du fond

Vous pouvez définir une couleur de fond, avec la propriété background-color.

Vous mettez votre couleur format RGB, hexadécimal, hexadécimal abrégé etc., comme nous l'avons déjà vu dans les cours précédents. Tout cela permet de définir la couleur de fond pour une image, pour une div, pour un span, pour un paragraphe, pour body, pour input dans les champs de formulaire...

Vous pouvez définir une couleur de fond pour ce que vous voulez.

Exemple :

```
div { background-color: #CC2EFA; }
```

Chaque balise div portera la propriété background-color CC2EFA. Et vous pouvez la coupler avec d'autres propriétés. Par exemple, mettez une largeur, width, à 250 pixels .Avec font-size, vous modifiez la taille de la police à 28 pixels.

UTILISER LES ARRIÈRE-PLANS AVEC CSS3

Le texte sera centré, et vous pouvez faire ressortir des éléments importants sur votre page HTML en utilisant à chaque fois une simple balise div.

Ajouter une image de fond

Vous pouvez bien évidemment définir des images pour le fond. Utilisez la propriété background-image.

Pour changer, complétez cette propriété en transmettant l'URL background.png, ou l'URL complète en passant par un nom de domaine.

Exemple :

```
body { background-image: url(background.jpg); }
```

Voici un exemple qui ajoute une image de fond sur toute la page HTML. Cette propriété CSS se situe sur la balise body. Vous voyez souvent sur des sites internet une grande page d'accueil avec un formulaire qui vous demande votre nom, votre prénom avec un bouton Envoyer. Derrière, il y a un background-image définit sur body. Vous pouvez ajouter ce même type de graphique maintenant sur vos sites internet.

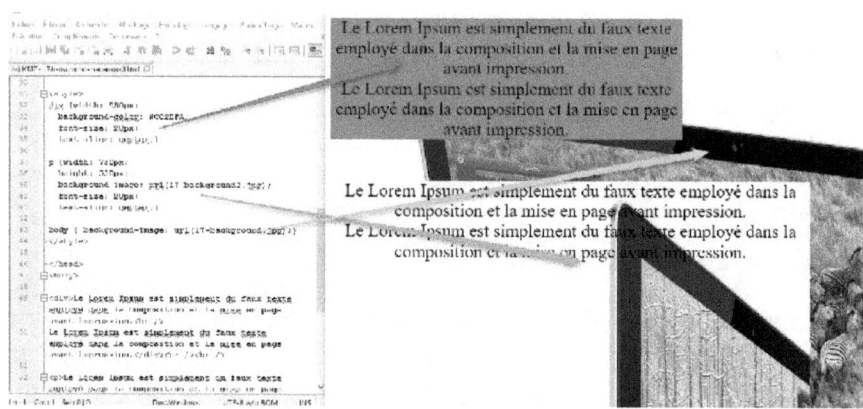

La flèche rouge affiche une couleur d'arrière-plan rose dans une

UTILISER LES ARRIÈRE-PLANS AVEC CSS3

div.
La flèche bleue pointe sur une image affichée dans un paragraphe.
La flèche verte montre une image présente sur toute la page Web (body)

Répéter l'image de fond

Vous pouvez choisir de répéter l'image de fond. Sur certains sites internet, il s'agit d'une petite image, qui fait 3 pixels sur 3, ou 10 pixels sur 10, qui est répétée à la suite des autres. Et cette technique permet de construire votre une image de fond. C'est une très bonne astuce pour optimiser la rapidité d'affichage de votre site.

Utilisez background-repeat, repeat permet de répéter l'image de fond.

Vous avez différentes valeurs pour la propriété :

<u>repeat</u> répète l'image horizontalement et verticalement.

<u>repeat-x</u> répète seulement l'image horizontalemen.

<u>repeat-y</u> répète seulement l'image verticalement.

<u>no-repeat</u> affiche l'image une seule fois sans la répéter.

Un petit exemple qui utilise une image de 10 pixels sur 10 pixels, l'image se répète horizontalement et verticalement :

```
body {
  background-image: url(background.jpg);
  background-repeat: repeat;
}
```

Positionner l'image

UTILISER LES ARRIÈRE-PLANS AVEC CSS3

Autre possibilité, vous pouvez positionner l'image dans votre page HTML, ou dans votre div, avec background-position.

Vous transmettez les coordonnées X et Y en pixels ou alors les valeurs pour les positions, left, center, right, top ou bottom. Pour respectivement la gauche, le centre (vertical et horizontal), la droite, le haut ou le bas. Si vous voulez que votre image s'affiche au centre en bas, mettez bottom center.

Vous pouvez également utiliser des valeurs négatives. Vous avez votre point (0, 0), l'image peut être positionnée avant ce point avec des valeurs négatives.

Exemple :

```
div {
  width: 300px; height: 250px;
  border: 2px solid blue;
  background-image: url(background.jpg);
  background-repeat: no-repeat;
  background-position: bottom right;
}
```

Voici une image qui affiche background-repeat, avec no repeat elle ne sera pas répétée. Une seule fois dans une div de largeur 300 width, hauteur height 250, avec une bordure de 2 pixels bleus tout autour, solid. Cela signifie que la bordure sera en trait plein. Avec background-position l'image sera centrée horizontalement et à droite sur la verticale.

Fixer l'image de fond/pas de défilement

Souvent vous naviguez sur des sites web où vous avez besoin de vous déplacer avec la barre de défilement parce que le contenu est trop grand pour la page. Et vous avez peut être remarqué que l'image de fond, elle, ne bouge pas, elle reste fixe. C'est la propriété background-attachment qui permet cela.

UTILISER LES ARRIÈRE-PLANS AVEC CSS3

Vous avez 2 valeurs, scroll ou fixed. La valeur <u>scroll</u> fait défiler l'image d'arrière-plan avec le contenu de la page. La valeur <u>fixed</u> vous permet d'avoir le contenu qui défile avec l'image qui reste fixe.

Exemple :

```
div {
 background-image: url(background.jpg);
 background-attachment: fixed;
}
```

Sur cet exemple, vous utilisez une image pour le fond de toutes nos div. Vous pouvez principalement utiliser le background-attachment à fixed pour votre balise body afin d'avoir l'image pour toute la page. Par exemple, dans une div, cette technique peut servir pour ajouter un article de blog.

Résumé du chapitre

Il peut être intéressant d'ajouter un arrière-plan sur votre site. Qu'il serve de vitrine, ou juste pour agrémenter votre page, pensez à toutes les options disponibles pour le manipuler.

Rappelez-vous aussi qu'il s'agit d'une image. Donc surveillez sa taille et pensez à l'utilisation sur les appareils mobiles d'une image optimisée.

UTILISER LES ARRIÈRE-PLANS AVEC CSS3

Notes

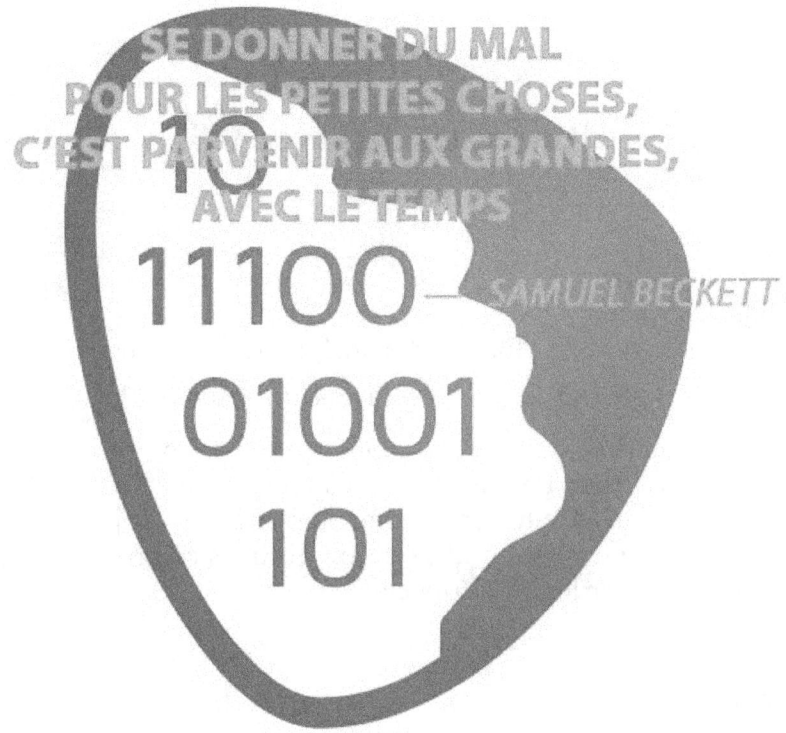

CHAPITRE 24.
Utiliser les div avec CSS3

———————— ♦ ————————

Les blocs div font partie intégrante des sites web. Avec CSS3, vous pouvez les personnaliser complètement !

Il y a énormément de possibilités avec les blocs. Vous allez vous attaquer à un gros morceau des feuilles de styles CSS. Pour que ce soit plus facilement assimilable pour vous, j'ai divisé en plusieurs chapitres. Vous allez découvrir dans ce premier chapitre comment utiliser les blocs div en CSS.

Notion de bloc

Les blocs div sont une notion très importante en CSS pour positionner des éléments dans un site internet. Vous avez un bloc div pour l'en-tête, un header, un bloc div pour le menu, un bloc div pour le contenu de l'article, un bloc div pour la barre avec les widgets sur le côté, et un bloc div pour le pied de page en principe. Et à l'intérieur de ces blocs div, vient encore d'autres div pour positionner les différents éléments.

Un bloc div est, en principe, une zone rectangulaire avec du contenu, une marge intérieure (padding), une bordure (border) et une marge extérieure (margin).

UTILISER LES DIV AVEC CSS3

Exemple :

```
div {
  width: 300px;
  height: 400px;
  border: 5px solid blue;
  background-color: #ccc;
  padding: 20px;
  margin: 20px;
}
```

Voilà un exemple dans une feuille de style CSS pour définir un bloc div. Toutes les div auront par défaut une largeur (width) de 300 pixels, une hauteur (height) de 400 pixels, une bordure (border) de 5 pixels représentée par une ligne bleue. Elles auront une couleur de fond #CCC c'est le gris, avec une marge intérieure (padding) de 20 pixels, et une marge extérieure (margin) de 20 pixels.

Type de bloc

Vous avez la propriété de style display qui permet de définir un élément block ou inline.

Exemple :

```
li { display: inline; }
```

Je vous ai mis un exemple de code source avec la propriété display inline. Vos listes ne s'afficheront plus sur des lignes séparées avec une puce mais directement en ligne. En remettant display: block, vous retrouvez le comportement classique.

Dans une balise paragraphe p, vous pourrez également tester display: inline-block qui permet de mettre le texte en ligne. Comme pour inline mais dès qu'il y a un passage à la ligne (quand il y a beaucoup de balises p à enchaîner), alors il y aura plus d'espaces entre les lignes comme pour block. 20 valeurs sont possibles pour la propriété display.

Largeur et hauteur d'un bloc

Vous avez également les propriétés width et height qui permettent de fixer la hauteur, la largeur d'un bloc, vous connaissez sûrement. Par contre, vous avez des valeurs complémentaires.

max-height pour la hauteur maximum.

min-height pour la hauteur minimale.

max-width pour la largeur maximale.

min-width pour la largeur minimale.

Ces valeurs permettent de définir des blocs avec une largeur par défaut max-width 150 pixels, une largeur minimum min-width 150 pixels et une largeur maximum max-width à 100 pixels.

Regardez l'exemple ci-dessous :

```
<p>Largeur minimale min-width</p>

<div style="border: 3px solid blue; min-width: 150px;">Le Lorem Ipsum est simplement du faux texte</div>

<p>Margeur maximale max-width</p>

<div style="border: 3px solid blue; width: 250px; max-width: 100px;">Le Lorem Ipsum est simplement du faux texte</div>
```

UTILISER LES DIV AVEC CSS3

Le Lorem Ipsum est simplement du faux texte

> Le Lorem Ipsum est simplement du faux texte

Largeurs d'un bloc (min à gauche, max à droite)

Les marges externes

La propriété margin permet de définir la marge extérieure d'un bloc. Des valeurs complémentaires permettent de définir la marge de chaque côté :

margin-top pour la marge haute.

margin-right pour la marge droite.

margin-bottom pour la marge basse.

margin-left pour la marge gauche.

UTILISER LES DIV AVEC CSS3

Exemple :

```
p {
 margin-top: 100px;
 margin-bottom: 100px;
 margin-right: 150px;
 margin-left: 50px;
}
```

Vous pouvez raccourcir l'écriture des propriétés en les ajoutant les unes à la suites des autres : margin-top, margin-right, margin-bottom et margin-left. Vous pouvez définir une, deux, trois ou quatre valeurs à la propriété margin en une seule ligne.

Exemple :

```
p { margin: 2cm 4cm 3cm 4cm; }
```

Pour une meilleure lisibilité, utilisez les mots clé margin-top, margin-right, margin-bottom, margin-left. Avec l'écriture raccourcie, si vous ne connaissez pas que cela correspond à top, right, bottom, left dans votre code, vous risquez de vous perdre.

Les marges intérieures

Même principe avec la propriété padding pour la marge intérieure. Vous avez les mêmes valeurs, padding-top, padding-right, padding-bottom, padding-left, pour respectivement marge haute, marge droite, marge basse, marge gauche.

Vous pouvez écrire une valeur raccourcie avec dans l'ordre top, right, bottom, left, donc haut, droite, bas, gauche.

Exemples :

```
p {
 padding-top: 25px;
 padding-right: 50px;
 padding-bottom: 25px;
```

UTILISER LES DIV AVEC CSS3

```
padding-left: 50px;
}
```

```
p { padding: 2cm 4cm 3cm 4cm; }
```

Résumé du chapitre

L'utilisation des blocs div est fondamentale avec HTML 5 et CSS 3. Relisez ce chapitre plusieurs fois !

Vous utiliserez très souvent les blocs div dans les chapitres suivants. Et vous les utiliserez énormément sur votre site. Vous pouvez ainsi découper votre page Web en blocs élémentaires et appliquer des classes CSS différentes sur chacun d'entre eux.

UTILISER LES DIV AVEC CSS3

Notes

UTILISER LES DIV AVEC CSS3

CHAPITRE 25.
Les div CSS3 n'auront plus de secret pour vous !

——————— ♦ ———————

Voici la suite du cours précédent sur les blocs div. Dans ce cours, vous allez en apprendre encore plus sur la personnalisation de vos blocs div grâce à CSS3. Commençons par les bordures.

La couleur de la bordure

Vous avez une bordure sur tous vos blocs. Vous avez déjà utilisé plusieurs exemples de code source. Vous allez (re)découvrir la propriété border-color qui permet de définir la couleur de la bordure d'un bloc.

Vous pouvez définir :

border-top-color la couleur de la bordure supérieure,

border-right-color la couleur de la bordure droite,

border-bottom-color la couleur de la bordure basse,

et border-left-color la couleur de la bordure gauche.

Vous avez même la valeur transparent, la couleur de la bordure est transparente donc vous ne la voyez pas, mais elle existe quand même.

LES DIV CSS3 N'AURONT PLUS DE SECRET POUR VOUS !

Exemple :

```
div {
  border-style: solid;
  border-width: 10px;
  border-height: 5px;
  border-top-color: #ccc;
  border-bottom-color: #ccc;
  border-left-color: #eee;
  border-right-color: #eee;
}
```

Voici un exemple de code source pour une div encadrée avec des couleurs différentes :

top et bottom en gris, left et right en bleu.

L'épaisseur de la bordure

Vous pouvez définir l'épaisseur de la bordure d'un bloc, avec :

border-width, border-top-width, border-right-width, border-bottom-width et border-left-width.

Il s'agit de la largeur de la bordure, et ses dérivés pour les largeurs haute, droite, basse et gauche.

La valeur thin vous permet d'avoir une bordure très fine, medium pour une bordure moyenne et thick pour une bordure épaisse. Ces valeurs pourront cependant donner un rendu des bordures différent suivant les navigateurs.

Exemple :

```
p {
  border-width: thick;
  border-height: thin;
}
```

LES DIV CSS3 N'AURONT PLUS DE SECRET POUR VOUS !

Le style de la bordure

Vous pouvez définir le style de la bordure : en pointillé, en trait plein, avec des points.

Utilisez la propriété border-style et bien évidemment, border-top-style pour la bordure haute, border-bottom-style pour la bordure basse, border-right-style pour la bordure droite, border-left-style pour la bordure gauche.

Vous avez compris le principe maintenant.

Vous pouvez définir des traits pleins avec solid, des tirets avec dashed, des pointillés avec dotted, des doubles traits pleins avec double.

Avec groove, vous obtenez un effet 3D, ridge un autre effet 3D, inset des bordures rentrantes incrustées, outset des bordures sortant de la page.

Avec ces propriétés, vous pouvez ajouter des effets sur les boutons.

Les propriétés inset, outset donnent des effets de profondeur sur le bouton. Avec hidden pas de bordure, cela influe sur la bordure adjacente, et none pour supprimer la bordure.

Exemple :

```
span { border-style: dotted solid dashed double; }
```

Résumé du chapitre

L'utilisation des blocs est fondamentale avec HTML 5 et CSS 3. Que ce soit une div, un span, un paragraphe p, les blocs vous seront très utiles et sont personnalisables à souhait. Dans ce chapitre, vous avez vu comment ajouter une bordure et les mettre en valeur sur votre page.

LES DIV CSS3 N'AURONT PLUS DE SECRET POUR VOUS !

LES DIV CSS3 N'AURONT PLUS DE SECRET POUR VOUS !

Notes

LES DIV CSS3 N'AURONT PLUS DE SECRET POUR VOUS !

La seule différence entre le génie et l'homme ordinaire est que le génie ne sait pas qu'il est ordinaire, alors que l'homme ordinaire pense qu'il n'est pas génial.

— JOHN GREEN

CHAPITRE 26.
La personnalisation des liens avec CSS3

Nous avons déjà vu dans la première partie de ce livre comment traiter les liens au sein d'une page HTML. Ce chapitre en est la suite, mais cette fois avec l'utilisation de CSS3. Ainsi le style de votre site reste cohérent. Le style que vous programmerez en CSS pourra ainsi s'appliquer à toutes vos balises a, vues dans la partie HTML.

La couleur des liens

Le but est de combiner les balises HTML 5 aux propriétés CSS 3.

Pour définir la propriété de style, vous avez la propriété de style color. Cette propriété vous permet de définir la couleur de vos liens.

Vous pouvez enlever le soulignement du lien avec text-decoration: none.

Dans l'exemple ci-dessous, le soulignement sur les liens est supprimé et la couleur de tous les liens est modifiée :

```
a:link {
  text-decoration: none;
  color: #084def;
  font-weight: bold;
```

LA PERSONNALISATION DES LIENS AVEC CSS3

}

Les infobulles sur les liens

Vous pouvez également utiliser l'attribut title avec du texte.

Cela permet d'ajouter une infobulle lorsque la souris passera au-dessus du lien. Tous les sites ne l'utilisent pas, cela dépend un peu de l'ergonomie, du design graphique que le webmaster a choisi.

Vous avez cet attribut title qui vous permet de rajouter une infobulle sur votre lien. Pensez à l'utiliser, en sachant que vous pouvez personnaliser title avec CSS.

En l'utilisant, vous ajoutez à votre site un caractère accessible, car le contenu de title est lu pour les personnes mal-voyantes.

Les liens sur les blocs

Grâce à HTML5, si vous avez un bloc div avec du texte, des images, vous pouvez carrément intégrer un lien sur ce bloc div. Tout simplement dans le code source, vous utilisez la balise a et dedans vous mettez votre balise div. Avec votre bloc de texte, cela va transformer votre bloc div avec votre texte en lien HTML. Très pratique aussi, vous allez sûrement l'utiliser très souvent.

Les différentes couleurs des liens

a:link permet de définir l'apparence d'un lien qui n'a pas encore été sélectionné. Vous pouvez définir une apparence différente quand le lien est visité, cliqué, non visité. Soit avec des tailles de polices différentes, soit avec une couleur différente, soit avec un text-decoration, souligner ou surligner ou barré.

En principe, les sittes affichent un lien barré, un texte barré

LA PERSONNALISATION DES LIENS AVEC CSS3

lorsque le lien a déjà été visité par l'internaute. Vous avez appris plus haut l'exemple a:link pour un lien qui n'a pas encore été parcouru par l'internaute.

Au contraire la balise a:visited va vous permettre de définir l'apparence d'un lien qui a déjà été cliqué :

```
/* lien déjà cliqué par l'internaute*/
a:visited { color:#FF8000; }
```

Vous avez également la balise a :hover qui vous permet de définir l'apparence du lien lorsque l'utilisateur avec sa souris passe au-dessus du lien, vous pouvez définir une apparence avec une taille différente, une couleur différente...

Exemple :

```
/* passage de la souris au dessus du lien */
a:hover{
  text-decoration: underline;
  color: #def125;
}
```

Les possibilités sont infinies !

Vous avez a:active qui permet de définir l'apparence d'un lien au moment où il est cliqué. Vous pouvez définir l'apparence du lien dès que l'utilisateur clique sur le lien :

```
/* état quand l'utilisateur clique le lien */
a:active { color: #29088A; }
```

Compléments

La propriété a:hover peut être utilisée sur les liens quand l'utilisateur passe sur un lien avec sa souris et aussi sur d'autres balises, sur d'autres éléments que les liens, comme les div par exemple. Vous faites div:hover avec background-color et dès que la souris passe au-dessus de la div, la couleur de la div change.

LA PERSONNALISATION DES LIENS AVEC CSS3

Exemple :

```
/* passage de la souris au dessus de la div */
div: hover { background-color: #DF01A5; }
```

Résumé du chapitre

CSS est un langage qui vous permet de personnaliser votre site dans les moindres détails, les liens hypertextes y compris. Il est vraiment très simple dès lors de modifier l'apparence des liens pour qu'ils s'intègrent parfaitement à votre ergonomie.

LA PERSONNALISATION DES LIENS AVEC CSS3

Notes

LA PERSONNALISATION DES LIENS AVEC CSS3

CHAPITRE 27.
Les balises CSS3 supplémentaires

Dans ce nouveau chapitre, vous allez découvrir les nouvelles balises apparues avec CSS3. Elles vous seront très utiles.

Balises CSS pour les paragraphes

Vous avez la valeur ou la propriété <u>first-letter</u>, qui permet, dans un paragraphe, de modifier l'apparence de la première lettre. Cette propriété vous permet de créer un effet de lettrine très sympa comme pour les romans. La première lettre est écrite en grande majuscule et après tout le texte qui s'affiche en minuscule.

Exemple :

```
.letter:first-letter {
margin-right: 8px;
color: #0101DF;
font-size: 32px;
}
```

```
<div class="letter">Le Lorem Ipsum est simplement du faux texte employé dans la composition et la mise en page avant impression.</div>
```

Vous avez une classe .letter pour laquelle est définit une propriété first-letter avec une marge droite de 8 pixels, une

LES BALISES CSS3 SUPPLÉMENTAIRES

couleur spécifique et une taille de police égale à 32 pixels.

Pour votre texte « le Lorem Ipsum est simplement du faux texte employé dans la composition et la mise en page avant impression », le premier L sera en taille 32 pixels avec une marge à droite de 8 pixels, donc la première lettre sera vraiment mise en valeur par rapport à tout le contenu du texte.

L e Lorem Ipsum est simplement du faux texte employé dans la composition et la mise en page avant impression.

Exemple de lettrine

Vous avez également la propriété <u>first-line</u> qui fonctionne exactement comme first-letter, sauf que first-line permet de définir la première ligne d'un paragraphe. La longueur de la première ligne sur un paragraphe est variable, elle dépend de la largeur du bloc, de la taille de la police, de la police utilisée.

first-line vous permet de donner un style très particulier juste à la première ligne d'un paragraphe. C'est en général le cas dans un article de presse, pour par exemple afficher une accroche.

<u>Exemple :</u>

```
.letter:first-line {
font-weight: bold;
font-size: 28px;
}
```

LES BALISES CSS3 SUPPLÉMENTAIRES

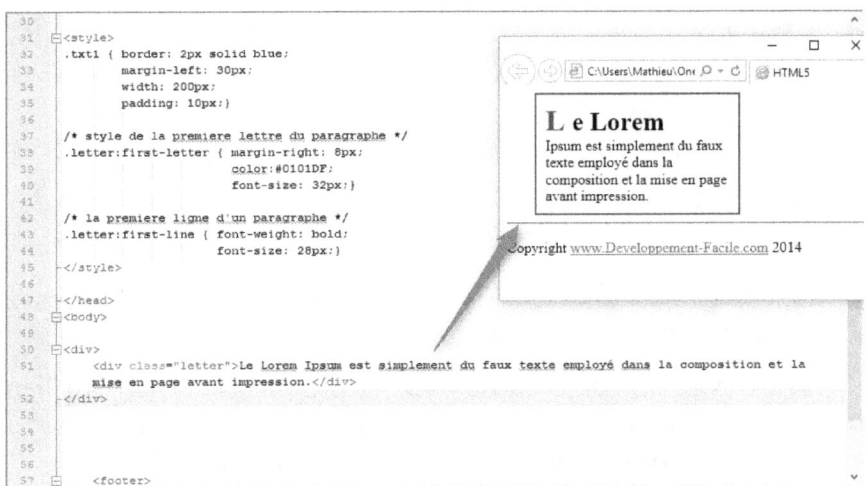

Exemple de lettrine et de première ligne mise en valeur

Insérer du contenu

Vous avez également la propriété before, associée à content. Elle permet d'insérer un contenu avant un bloc. Elle peut être très pratique.

Dans l'exemple suivant, vous avez des types h1 et vous pouvez ajouter une flèche. Une image avant votre contenu h1, en faisant h1:before content et l'URL vers votre image fleche.png.

Exemple :

```
h1:before { content: url(fleche.png); }
```

Dès que vous mettrez du texte entre les balises H1, juste avant votre texte, il y aura cette image de flèche qui indique votre texte. La valeur before est très utile pour insérer très facilement, très rapidement du contenu avant chaque titre ou avant des paragraphes.

LES BALISES CSS3 SUPPLÉMENTAIRES

Exemple :

```
p.important:before {
  content: "Important ";
  background-color: yellow;
  color: red;
  font-weight: bold;
}
```

Le contenu est directement collé au texte qu'il précède, pensez à ajouter un espace ou une marge.

Vous avez la même chose avec la propriétaire <u>after</u>. Au lieu que ce soit avant le texte, ce sera après le texte, toujours associé à content. Cela vous permet d'insérer un contenu après un bloc.

H1:after content URL new.png : au lieu d'être avant comme la flèche tout à l'heure, là il y aura new.png, donc une image nouveauté, après votre texte à chaque fois que vous allez utiliser la balise h1.

Ce sont des valeurs CSS très pratiques, peu connues, qui peuvent vous être très utiles pour mettre du contenu automatiquement en valeur.

Résumé du chapitre

Vous venez tout juste de découvrir de nouvelles propriétés et des valeurs CSS 3, c'est beaucoup plus simple et plus rapide de faire votre mise en forme avec des feuilles de styles CSS plutôt que de devoir recréer ces mêmes effets avec JavaScript. Profitez-en bien !

LES BALISES CSS3 SUPPLÉMENTAIRES

Notes

LES BALISES CSS3 SUPPLÉMENTAIRES

CHAPITRE 28.
Créer des transitions pour vos menus

Pour rendre plus agréable les pages web, CSS3 permet d'utiliser des transitions pour l'affichage de nos objets, ou leur suppression à l'écran. L'utilisateur a ainsi une sensation de fluidité.

Effectuer une transition sur un menu

Commencez par créer un effet sur le menu grâce à la propriété CSS3 transition et ses quatre propriétés. Vous pouvez animer la couleur, la hauteur. Le mot-clé <u>all</u> désigne toutes les propriétés de l'élément. Je vous conseille de créer des transitions, soit sur la hauteur, la largeur ou la couleur.

Exemple :

```
transition: height;
```

Vous pouvez définir la durée de la transition, en secondes ou en millisecondes.

0,5s signifie 0,5 secondes.

<u>timing-fonction</u> est la fonction de transition à utiliser. Il existe ease, linear, ease-in, ease-out, et ease-in-out. Si vous êtes développeur ActionScript, vous les connaissez déjà ces fonctions de transition. Le délais, c'est le retard de départ de la transition. Il

CRÉER DES TRANSITIONS POUR VOS MENUS

est définit soit en secondes, soit en millisecondes.

Exemple :

`transition: height 0.3s;`

La fonction <u>linear</u> signifie que la transition se fait à vitesse constante.

<u>ease</u> signifie que le début et la fin doivent être lentes mais qu'entre deux, il faut que ce soit rapide.

<u>ease-in-out</u> permet d'avoir une vitesse réduite au début et à la fin, mais plus rapides que pour ease.

Vous pouvez spécifier vous-mêmes les vitesses avec <u>cubic-bezier(n1,n2,n3,n4)</u> où nx représentent des nombres variant de 0 à 1.

Exemple :

`transition: height 0.3s ease-in-out;`

La propriété transition a ses déclinaisons sur certains navigateurs. Il peut donc être nécessaire d'utiliser ses déclinaisons, en plus de la propriété transition elle-même.

<u>Pour Firefox, vous utiliserez également</u> :

`-moz-transition: height 0.3s ease-in-out;`

<u>Pour Chrome et Safari, l'exemple devient</u> :

`-webkit-transition: height 0.3s ease-in-out;`

<u>Enfin, pour Opera</u> :

`-o-transition: height 0.3s ease-in-out;`

Résumé du chapitre

CRÉER DES TRANSITIONS POUR VOS MENUS

Vous obtenez ainsi des effets de menu sympas tout en sachant que dans les différents blocs, vous pouvez mettre un ou plusieurs éléments, des liens, des images.... Les transitions permettent de créer des effets sympas de transitions et d'ajouter de la fluidité sur votre site.

CRÉER DES TRANSITIONS POUR VOS MENUS

Notes

....
....
....
....
....
....
....
....
....
....
....
....
....
....
....
....
....
....

CRÉER DES TRANSITIONS POUR VOS MENUS

CHAPITRE 29.
Définir la position de vos blocs div

———————— ♦ ————————

Rappelez-vous, vous avez lu plusieurs chapitres sur les blocs div car ils sont très important à maîtriser, c'est fondamental avec HTML 5 et CSS3. Dans ce nouveau chapitre, vous allez apprendre à positionner vos blocs exactement là où vous le souhaitez.

Le positionnement statique

Il existe plusieurs propriétés CSS 3, pour positionner vos blocs. Pour le positionnement d'un bloc par défaut, vous utilisez la balise position <u>static</u>. Avec cette valeur, le bloc ne peut pas être positionné, ni repositionné, et sa visibilité ne peut pas être modifiée. En position static, il est statique !

Vous pouvez quand même modifier le style que prendra votre texte.

<u>Syntaxe :</u>

```css
.static {
width: 250px;
border: 2px solid red;
text-align: center;
}
```

DÉFINIR LA POSITION DE VOS BLOCS DIV

Puis :

```
<div class="static">Position normale
statique</div>
```

Le positionnement relatif

Vous avez le positionnement relatif avec la balise suivante, position: relative. La position est alors définie par les propriétés top, bottom, left et right pour respectivement la position par rapport au haut de l'élément parent, le bas, la gauche et la droite. Vous pouvez également utiliser des valeurs négatives.

Syntaxe :

```
.relative {
 position: relative;
 top: 30px;
 left: 60px;
 width: 250px;
 border: 2px solid blue;
 text-align: center;
}
```

Un exemple pour positionner un bloc à 30 pixels du haut, 60 pixels de la gauche, avec une bordure et un texte centré.

Le positionnement absolu

Vous avez également la position absolue, donc ça crée un bloc complètement indépendant du reste du document, et il se positionne pile poil à l'emplacement que vous définissez. Cela implique que votre bloc pourra se superposer avec d'autres blocs.

Syntaxe :

```
.absolute {
 position: absolute;
```

DÉFINIR LA POSITION DE VOS BLOCS DIV

```
top: 30px;
left: 360px;
width: 250px;
border: 2px solid blue;
text-align: center;
}
```

Le positionnement fixe

Vous avez la position fixed, fixe, elle crée un bloc indépendant. Vous définissez sa position et le bloc reste fixe même lorsque le document défile. Cette propriété permet de créer des blocs fixes.

Rappelez-vous les cours sur les images d'arrière-plan, des images fixes d'arrière-plan qui ne bougeaient pas quand l'utilisateur défile. Vous pouvez réaliser exactement la même chose avec les blocs en les définissant avec la position: fixed.

Syntaxe :

```
.fixed {
position: fixed;
top: 300px;
left: 60px;
width: 250px;
border: 2px solid blue;
text-align: center;
}
```

La propriété float

Vous avez la propriété float. Vous allez la voir très souvent en CSS 3 car elle est souvent utilisée.

La propriété float retire un bloc de l'affichage HTML pour le placer le plus à droite ou le plus à gauche de son élément parent, dans ce conteneur.

DÉFINIR LA POSITION DE VOS BLOCS DIV

float: right va placer le bloc à droite. Vous avez un container, un div principal, un autre div à l'intérieur.

float: right, place le bloc à droite, float: left le place à gauche. Et none pour pas de spécifications, c'est le navigateur qui décide.

La propriété float ne peut s'appliquer que pour un positionnement absolu, elle ne fonctionne pas en statique, ni en relatif.

Exemple :

```
img { float: right; }
```

Un exemple avec une image en style float, qui est un logo. Vous mettez le texte dans un div principal, un paragraphe de texte, et vous aurez le logo sur la droite.

La propriété clear

Vous avez la propriété clear qui permet d'annuler le flottement si vous avez utilisé la propriété float à un moment ou un autre. Vous pouvez utiliser la balise clear avec des valeurs right, ça annule le flottement à droite, ou left, ça annule le flottement à gauche, ou both ça annule le flottement des deux côtés, ou none ça annule toutes les propriétés de flottement.

Exemple :

```
p { clear: both; }
```

Résumé du chapitre

Les blocs peuvent être placés sur votre page où vous le souhaitez. Ainsi, si vous voulez qu'un bloc soit toujours visible et qu'il reste au même endroit, quoi que fasse l'utilisateur, vous utiliserez une position absolue.

DÉFINIR LA POSITION DE VOS BLOCS DIV

La plupart du temps, votre bloc sera en position flottante, et c'est le navigateur qui le placera où il faut par rapport aux autres blocs. La propriété clear devra être utilisée pour annuler les anciens réglages que vous aurez définis pour être sûr d'appliquer l'effet désiré.

DÉFINIR LA POSITION DE VOS BLOCS DIV

Notes

DÉFINIR LA POSITION DE VOS BLOCS DIV

L'UN DES PLUS GRANDS
PLAISIR DE LA VIE
CONSISTE A FAIRE CE QUE
LES AUTRES VOUS
PENSENT INCAPABLE

— BAGEHOT

CHAPITRE 30.
Les techniques avancées pour définir la position de vos blocs div

---◆---

Approfondissons encore un peu plus le positionnement de vos blocs dans votre page HTML.

La superposition de blocs

Vous l'avez vu sur des sites Internet, maintenant il y a de plus en plus de pop-up intérieures. Lorsque vous consultez votre document HTML, il y a un pop-up qui arrive. Et ce n'est pas une nouvelle fenêtre ou un nouvel onglet, non.

Il s'agit bien d'un pop-up à l'intérieur de la page. Comment ils font ?

Ces développeurs utilisent la propriété z-index. Vous avez les axes X et Y habituels, z-index ajoute un axe de profondeur, comme la 3D finalement. Cela permet d'ordonner les blocs entres eux en définissant un z-index.

Prenons l'exemple suivant :

```
.bloc1 {
 position: absolute;
 left: 30px; top: 30px; width: 150px; height: 60px;
```

LES TECHNIQUES AVANCÉES POUR DÉFINIR LA POSITION DE VOS BLOCS DIV

```
padding: 5px;
border: 2px solid red;
background-color: #8904B1;
z-index: 1;
}

.bloc2 {
position: absolute;
left: 50px; top: 60px; width: 150px; height: 60px;
padding: 5px;
border: 2px solid blue;
background-color: #FE2E2E;
z-index: 2;
}

.bloc3 {
position: absolute;
left: 80px; top: 100px; width: 150px; height: 60px;
padding: 5px;
border: 2px solid gray;
background-color: #FAAC58;
z-index: 3;
}
```

Sur cet exemple de code source avec plusieurs blocs et avec des z-index différents, en les positionnant vous pouvez voir qu'ils se chevauchent plus ou moins.

Avec la propriété z-index, vous leur donnez un ordre de priorité :

le bloc1 sera en bas, le bloc2 au-dessus et le bloc3 encore au-dessus car il a un z-index de 3.

Amusez-vous avec cette valeur z-index pour positionner vos blocs. Vous pouvez créer des pop-up par-dessus tous les autres blocs ou des chevauchements, à vous de voir en fonction de l'effet recherché.

LES TECHNIQUES AVANCÉES POUR DÉFINIR LA POSITION DE VOS BLOCS DIV

Voici le résultat suivant :

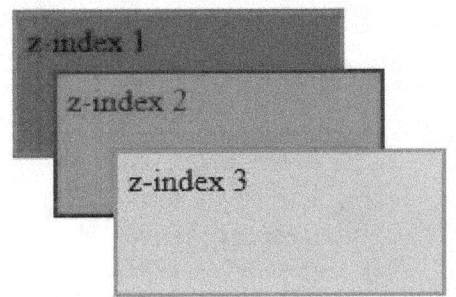

Exemple de superposition de blocs div

Le dépassement de la taille d'un bloc

La propriété <u>overflow</u> détermine ce que le navigateur doit faire lorsqu'un bloc est plus grand que l'élément qu'il contient. Vous avez un div, et le div à l'intérieur, son contenu le fait dépasser du premier div.

Vous pouvez définir avec CSS ce qu'il se passe. Utilisez la propriété overflow avec différentes valeurs.

<u>Auto</u>, c'est le navigateur qui décide.

<u>visible</u>, la partie qui dépasse est affichée donc les propriétés CSS du bloc parent sont ignorées.

<u>scroll</u>, la partie qui dépasse est cachée mais accessible avec une barre de défilement.

<u>hidden</u>, la partie qui dépasse est cachée sans possibilité de la voir ou d'y accéder.

Pensez à cette propriété overflow qui peut s'avérer très pratique.

LES TECHNIQUES AVANCÉES POUR DÉFINIR LA POSITION DE VOS BLOCS DIV

Exemple :

```
.bloc4 { overflow: auto; }
```

Ce qui donnera à l'écran :

Exemple de bloc div avec la propriété overflow positionnée à auto

La visibilité du contenu d'un bloc

La propriété <u>clip</u> détermine la partie visible du bloc. Souvent pour une image, l'image entière est bien présente dans la page Web.

Il est possible de choisir d'afficher seulement une partie de celle-ci :

vous avez une image complète, par exemple une personne et vous souhaitez n'afficher que son visage. Vous définissez alors un clip en rectangle avec des valeurs. Les coordonnées du rectangle sont données par les sommets supérieur gauche, supérieur droit, inférieur droit, et inférieur gauche (on fait gauche, droite, droite, gauche) avec des valeurs en pixels.

Il est recommandé d'inclure l'élément découpé dans une balise div. Ce sera beaucoup plus simple pour gérer l'affichage et le positionnement de l'élément dans vos pages HTML.

Cette propriété ne fonctionne qu'avec un positionnement

LES TECHNIQUES AVANCÉES POUR DÉFINIR LA POSITION DE VOS BLOCS DIV

absolu de l'élément (voir le chapitre précédent).

Exemple :

```
div#avecClip {
 position: absolute;
 clip: rect(10px,100px,50px,10px);
}
```

Vous l'utiliserez par exemple pour tronquer votre image :

```
<div class="avecClip">
 <img src="grandeImage.png" />
</div>
```

Vous pouvez remettre la valeur clip: auto pour que le navigateur adapte à la taille de l'élément fils.

Contrôler l'affichage d'un bloc

La propriété display permet de contrôler l'affichage des éléments sur une page. Vous avez les valeurs display: inline, display: bloc. Si vous ne voulez pas afficher le bloc, alors utilisez la valeur display: none.

Contrôler la visibilité du contenu d'un bloc

La propriété CSS visibility détermine si un élément est visible ou caché. C'est très utile lorsque les utilisateurs cliquent sur un bouton de la page, pour afficher ou masquer certains éléments de votre page HTML.

Il y a deux valeurs possibles :

visible, l'élément est visible,

hidden, l'élément est masqué.

LES TECHNIQUES AVANCÉES POUR DÉFINIR LA POSITION DE VOS BLOCS DIV

La valeur hidden, l'élément occupe toujours sa place dans le document. Par contre, l'élément est remplacé par un rectangle blanc. Ce fonctionnement permet de conserver la mise en page que vous avez définie dans votre page Web.

C'est la principale différence avec les display: none où votre image, ou votre div est complètement enlevée, votre mise en page peut changer. Alors qu'avec une visibilité hidden, vous avez un rectangle blanc à la place, donc votre mise en page est conservée.

Exemple :

```
span { visibility: hidden; }
```

Modifier le curseur de la souris

Vous pouvez modifier le curseur avec la propriété CSS cursor.

Voici les valeurs différentes du curseur :

cursor: help affiche le petit point d'interrogation avec la petite souris que vous voyez souvent sous Windows.

cursor: pointer : un doigt qui indique un lien.

cursor: move permet d'indiquer qu' un objet est déplacé donc la croix est affichée.

e-resize, ne-resize, nw-resize, n-resize, se-resize, sw-resize, s-resize, w-resize : pour un curseur de redimensionnement suivant l'endroit où est placé le curseur (sur un angle de votre bloc, ou une extrémité latérale, en utilisant les points cardinaux en anglais).

cursor: text pour sélectionner du texte.

cursor: wait pour indiquer une action en cours.

cursor: default pour remettre le curseur original.

LES TECHNIQUES AVANCÉES POUR DÉFINIR LA POSITION DE VOS BLOCS DIV

cursor: crosshair est une croix.

cursor :progress en forme de flèche avec un sablier.

cursor: not-allowed pour indiquer un champ inaccessible.

cursor: no-drop ; cursor: col-resize ; cursor: row-resize ; cursor: auto pour que le navigateur détermine lui-même le curseur approprié.

Exemple :

```
.bloc4 { cursor: help; }
```

Vous pouvez même spécifier un fichier image pour votre curseur avec la propriété cursor: url et vous renseignez l'URL de l'image entre parenthèses et cette image deviendra votre curseur, très pratique.

Résumé du chapitre

Après avoir vu comment positionner votre bloc, ce chapitre vous a permis de les superposer si le besoin s'en fait sentir. Vous ajoutez alors une profondeur à votre site.

Vous avez aussi appris comment utiliser le dépassement du bloc, ou overflow, pour que votre texte reste contenu ou non dans le bloc qui le contient. C'est pour cela que vous devez utiliser au maximum les blocs, même si vous n'utilisez pas pour le moment ces possibilités. En utilisant ces différentes options, pensez toujours à respecter l'ergonomie de votre site.

LES TECHNIQUES AVANCÉES POUR DÉFINIR LA POSITION DE VOS BLOCS DIV

Notes

LES TECHNIQUES AVANCÉES POUR DÉFINIR LA POSITION DE VOS BLOCS DIV

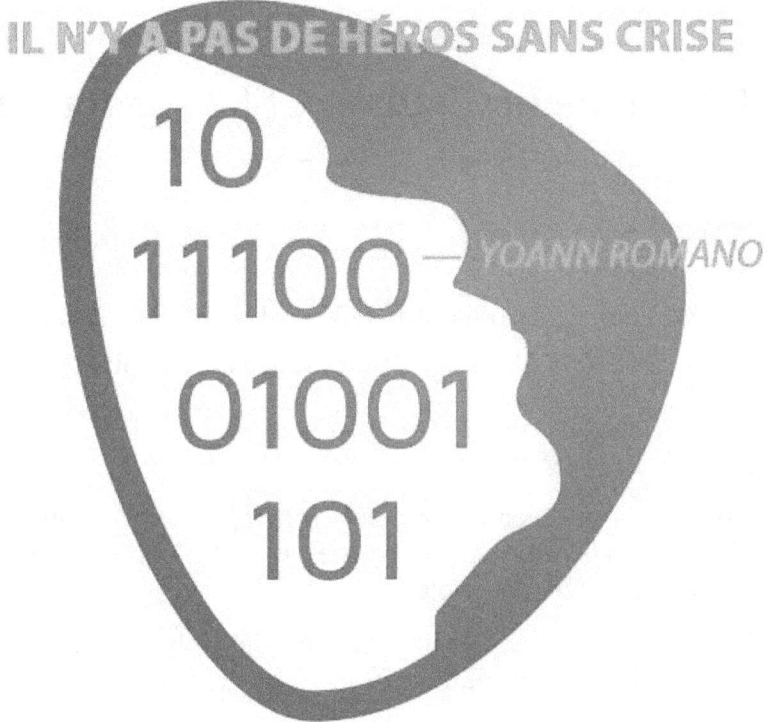

CHAPITRE 31.
Les nouvelles balises CSS3 – partie 1

Les nouvelles balises CSS3 sont géniales. Ajoutez des bordures, des effets d'ombre... tout est dans ce chapitre.

Les bords arrondis

Vous pouvez créer des bords arrondis, sur vos boutons, sur vos div, faire des effets sur les images avec des bords arrondis, en combinant plusieurs propriétés.

Vous pouvez utiliser la propriété border-radius pour créer des bords arrondis en renseignant X et Y qui peuvent être soit une valeur, soit un pourcentage.

Les valeurs X ou Y permettent de déterminer des rayons horizontaux et verticaux d'un quart d'éclipse. Avec l'éclipse, elle donne la courbure de l'angle. Si vous indiquez une seule valeur, X est égal à Y.

Vous pouvez définir un angle pour chaque côté. Vous pouvez créer la bordure haute, basse, droite, gauche, là c'est la même chose, vous pouvez définir border-top-right-radius c'est haut droit, border-bottom-right-radius c'est bas droit, border-bottom-left-radius c'est bas gauche, border-top-left-radius c'est haut gauche pour définir l'angle.

LES NOUVELLES BALISES CSS3 – PARTIE 1

Exemple :

```
.bloc1 {
border: 2px solid red;
border-radius: 5px 10px 20px 5px;
}
```

Exemple de bloc avec bords arrondis

Comme vous le voyez sur l'exemple ci-dessus, vous pouvez définir des angles arrondis différents suivant les côtés de votre élément. Amusez-vous avec ce code source pour faire des tests, vous pouvez faire des bords arrondis très facilement.

Les bordures à partir d'une image

Vous pouvez également créer des bordures à partir d'une image. La propriété border-image prend une image rectangulaire et la divise en neuf parties. Trois en haut, trois en bas et trois au milieu ; les huit parties du contour sont utilisées pour les angles et les côtés.

Utilisez pour cela border-image où vous spécifiez l'URL de votre image. Ensuite, vous avez trois valeurs qui influencent le découpage, la déformation de l'image pour en faire votre bordure.

LES NOUVELLES BALISES CSS3 – PARTIE 1

Et vous avez un modificateur round, repeat ou stretch pour savoir comment est traitée l'image :

round pour reproduire l'image et la redimensionner afin qu'elle s'ajuste exactement à la largeur et la hauteur du bloc,

repeat effectue la même chose que round mais sans ajustement,

stretch, c'est la valeur par défaut qui étire l'image aux dimensions du bloc.

Testez ces trois valeurs, round, repeat ou stretch en fonction du type de rendu graphique que vous souhaitez obtenir avec l'image par rapport à votre bloc.

Exemple :

```
#bordureImage1 {
  border: 10px solid transparent;
  border-image: url(background.png) 30 25% 16 round;
}
```

Ajouter une ombre sur du texte

Vous pouvez également ajouter un effet ombré à du texte. Avec par exemple le text-shadow que vous avez peut-être vu en ActionScript flash ou dans d'autre langages.

La propriété text-shadow permet d'ajouter cet effet d'ombre sur du texte.

Vous renseignez X, Y, Z et une couleur où X est le décalage de l'ombre vers la droite, Y le décalage de l'ombre vers le bas, et Z c'est l'intensité du dégradé du flou. Vous pouvez déterminer l'intensité. Enfin, vous transmettez la couleur de l'ombre, en principe c'est noir.

LES NOUVELLES BALISES CSS3 – PARTIE 1

Exemple :

```
.bloc2 { text-shadow: 2px 2px 3px red; }
```

Le Lorem Ipsum est simplement du faux texte employé dans la composition et la mise en page avant impression.

Exemple de texte ombré

Vous avez la possibilité d'ajouter une ombre sur un bloc avec la propriété box-shadow. Vous avez un bloc et vous pouvez ajouter une ombre : vous avez les mêmes valeurs X, Y, Z, puis la couleur, le décalage de l'ombre vers la droite pour X, Y, le décalage de l'ombre vers le bas, et Z l'intensité du flou, du dégradé.

Exemple :

```
.effet1 {
 border: 3px solid blue;
 box-shadow: 2px 2px 13px black;
}
```

Cet effet peut ensuite être appliqué sur n'importe quelle image :

```
<img src="image.png" class="effet1" alt="Image" />
```

Sur l'exemple de code source, vous avez une image, image.png est chargée, elle utilise la classe de style effet1. Dans effet1 est définit une bordure de 3 pixels bleus, box-shadow possède un effet. Cette configuration ajoute un effet ombré sur l'image.

Souvent sur des sites, vous avez un effet sur l'image pour la faire ressortir, la mettre en valeur, c'est cette technique qui est utilisée, réalisée directement avec CSS. Testez également cet effet dans vos documents HTML pour constater ce qu'il est possible d'obtenir.

Créer un effet miroir

Vous pouvez créer un effet miroir. L'effet miroir n'est pas géré par tous les navigateurs. La propriété webkit-box-reflect permet d'ajouter un effet miroir : soit sur une image, soit sur du texte.

Vous donnez la direction, la position de l'effet par rapport à l'élément original. Au-dessus avec above, below pour en-dessous, left à gauche et right à droite.

La distance soit en pixels, soit en pourcentage par rapport à l'élément original, zéro est la valeur par défaut.

Un masque est appliqué à l'élément réfléchi. Pour créer, par exemple, un effet de dégradé, c'est un paramètre facultatif.

Exemple :

```
.txt1 { -webkit-box-reflect: below -35px; }
```

Effectuer un fondu d'images

Vous pouvez même effectuer un fondu d'images avec la valeur webkit-cross-fade. Cette propriété permet d'effectuer un fondu entre deux images.

Vous utilisez la propriété CSS background-image et webkit-cross-fade avec l'URL de l'image1, l'URL de l'image 2, et un pourcentage.

La valeur du pourcentage permet de définir l'opacité qui est appliquée à la seconde image du fondu. Vous pouvez superposer

LES NOUVELLES BALISES CSS3 – PARTIE 1

des images les unes sur les autres, avec cet effet de fondu.

Exemple :

```
.txt2 {
 background-image: -webkit-cross-
fade( url(banniere.png) url(logo1.png) 25%);
}
```

Voilà un exemple avec une bannière et un logo, et une opacité de 25 %, que vous appliquerez sur une div qui contient du texte. Le résulat obtenu est une image de fond avec un fondu de deux images.

Testez ce code source dans votre document HTML pour créer un résultat sympa. Tout dépend des images que vous allez utiliser bien évidemmen. Il est possible de créer un fondu d'images avec ces nouvelles propriétés CSS 3.

Résumé du chapitre

Testez ces nouvelles possibilités CSS 3, amusez-vous, innovez dans votre site internet, créez des designs harmonieux, fabuleux, et surtout ergonomiques. Souvenez-vous toutefois que certaines sont encore au stade expérimental et ne sont pas disponibles sur tous les navigateurs.

LES NOUVELLES BALISES CSS3 – PARTIE 1

Notes

....
....
....
....
....
....
....
....
....
....
....
....
....
....
....
....
....
....

LES NOUVELLES BALISES CSS3 – PARTIE 1

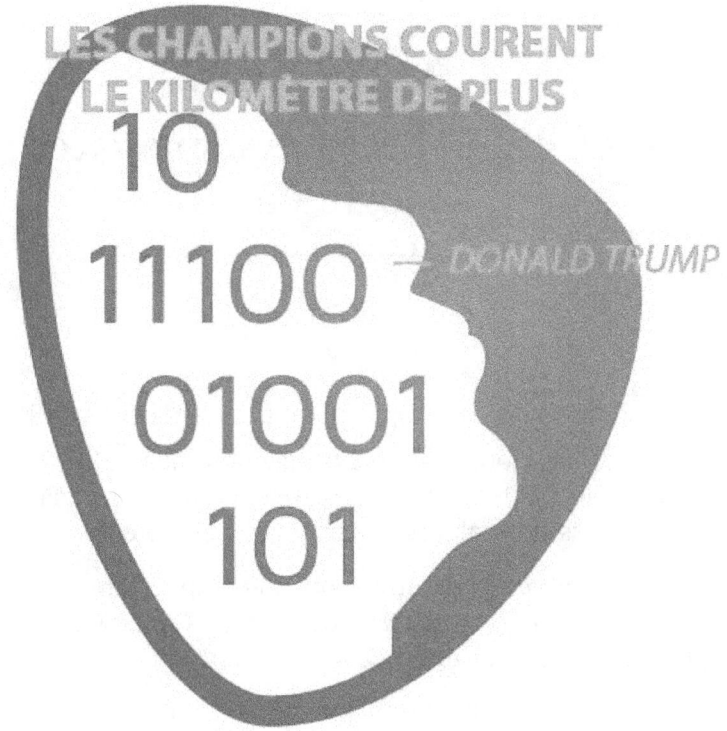

CHAPITRE 32.
Ajouter des polices personnalisées avec Google Fonts

◆

Découvrez la technique pour personnaliser vos polices de caractères. Avec Google Fonts, utilisez rapidement des polices de caractères originales et compatibles avec la majorité des navigateurs des ordinateurs, smartphones et tablettes.

Dans ce nouveau chapitre, vous allez apprendre à utiliser vos polices de texte personnalisées directement avec CSS 3 pour les intégrer dans vos sites Internet.

Rappelez-vous dans un chapitre précédent, vous avez appris à choisir des polices de caractères, mais uniquement parmi les polices système, donc les polices présentes sur l'ordinateur de votre internaute.

Cette fois, vous allez intégrer des polices qui ne sont pas présentes sur l'ordinateur de l'internaute. Le navigateur va les télécharger, grâce à CSS. Et vous pourrez utiliser des polices complètement originales sur votre site Internet en étant sûr que vos internautes puissent les afficher.

Les polices personnalisées

L'importation et l'utilisation de police partagée se fait grâce à

AJOUTER DES POLICES PERSONNALISÉES AVEC GOOGLE FONTS

la propriété font-face. Vous devez d'abord signifier au navigateur de l'internaute de télécharger la police pour ensuite l'utiliser dans la page.

Utilisez @font-face {font-family: le nom de votre police et ensuite, vous précisez l'URL.

Exemple :

```
@font-face {
font-family: 'Revalia';
src: url(http://fonts.googleapis.com/css?family=Revalia);
}

.maPolice {
font-family: 'Revalia';
}
```

Google fonts propose des tonnes et des tonnes de polices personnalisées toutes plus ou moins sympas. Vous pouvez les utiliser sans problème sur vos sites Interne. Vous avez le choix sur Google fonts, profitez-en !

Il existe plusieurs types de format de polices, les Web fonts.

Vous avez le format <u>eot</u> (Embedded Open Type), c'est une forme compacte de la police open type, un format propriétaire de Microsoft.

Vous avez le format <u>ttf</u> (True Type Font) qui est le format de police de caractères le plus répandu sur le Web aujourd'hui.

Vous avez le format <u>otf</u> (Open Type Font) qui est une évolution du format ttf avec des possibilités typographiques améliorées. Ce format otf est de plus en plus présents sur les sites Internet.

Vous avez un format très récent, c'est le format <u>woff</u> (Web Open Font Format). C'est un format de polices de caractères

AJOUTER DES POLICES PERSONNALISÉES AVEC GOOGLE FONTS

compressés pour le Web. Un format très intéressant et très optimisé, à utiliser pour vos sites Internet. C'est le format que je vous conseille.

Tous les navigateurs ne prennent pas tous en compte le même format de police.

Vous avez donc la possibilité de charger des polices de caractères sous plusieurs formats dans votre feuille de style. Utilisez l'attribut SRC pour spécifier des URL de votre police de caractère au format eot, woff, ttf... Vous aurez plus de chance que votre police de caractères s'affiche correctement chez votre visiteur.

Je vous conseille d'utiliser le site Internet fontsquirrel pour générer une police dans plusieurs formats :

http://www.fontsquirrel.com/tools/webfont-generator

Si vous avez une police de caractères dans un seul format, vous allez sur ce site, vous donnez votre fichier de police et vous pourrez le récupérer dans plusieurs formats. Ainsi votre police personnalisée s'affiche correctement quel que soit le navigateur de votre internaute, c'est très important.

Google fonts API vous simplifie encore plus la vie !

Vous vous rendez sur Google fonts API. Et vous pouvez utiliser des polices personnalisées sur vos pages Web. Vous n'avez pas à vous préoccuper de @FontText, ni du style CSS. Vos polices seront parfaitement compatibles avec la majorité des navigateurs.

Google fournit beaucoup d'outils prêts à l'emploi pour les webmasters.

Une fois de plus, je vous conseille d'utiliser Google fonts API pour utiliser les polices adaptées qu'il vous fourni. Elles sont adaptées aux navigateurs et elles ont un poids minimal.

AJOUTER DES POLICES PERSONNALISÉES AVEC GOOGLE FONTS

Iil vous suffit d'aller sur leur site, de récupérer un code à ajouter directement dans votre page HTML pour obtenir la police.

Le code ressemble à ça :

```
<head>
    <link href='http://fonts.googleapis.com/css?family=Revalia' rel='stylesheet' type='text/css'>

<style>
.bloc1 { font-family: 'Revalia', Arial; }
</style>

</head>
```

Ainsi, l'utilisateur n'a pas besoin d'avoir la police sur son ordinateur pour afficher correctement votre texte :

Utilisation d'une police de caractères non présente sur le poste de l'utilisateur

AJOUTER DES POLICES PERSONNALISÉES AVEC GOOGLE FONTS

Afficher des lettres creuses

Vous avez d'autres propriétés CSS pour créer des effets sur le texte. Les lettres creuses avec webkit-text-stroke, permet d'afficher vos textes sous forme de lettres creuses.

Vous définissez l'épaisseur du bord des lettres avec width, la couleur avec color, stroke c'est un raccourci des deux valeurs précédentes. Vous pouvez définir aussi text-fill-color, la couleur de remplissage des lettres, ou les laisser en transparent.

Exemples :

```
.creux { -webkit-text-stroke: 2px red; }
.couleurCreux { -webkit-text-fill-color:
#FFFFFF; }
```

Résumé du chapitre

Dans un précédent chapitre, vous avez vu comment utiliser d'autres polices de caractères que celle par défaut. Mais ces polices devaient se trouver sur l'ordinateur de l'utilisateur, ce dont vous ne pouvez être sûr.

Ici, vous avez vu comment l'être : en téléchargeant la police au chargement de votre page.

Attention toutefois quand vous utilisez des polices de caractères personnalisées ou originales grâce à CSS 3. C'est l'internaute qui va télécharger cette police de caractères sur son PC.

N'en abusez pas trop !

Mettez une, deux, voire trois polices de caractères personnalisées maximum dans votre site Internet.

Choisissez une police de caractères originales sur Google

AJOUTER DES POLICES PERSONNALISÉES AVEC GOOGLE FONTS

Fonts : http://www.google.com/fonts/.

Utilisez Google Fonts API : https://developers.google.com/fonts/docs/getting_started?hl=fr

Utilisez FontSquirrel (http://www.fontsquirrel.com/tools/webfont-generator) pour créer des fichiers de polices de caractères compatibles avec les différents navigateurs.

AJOUTER DES POLICES PERSONNALISÉES AVEC GOOGLE FONTS

Notes

....
....
....
....
....
....
....
....
....
....
....
....
....
....
....
....

AJOUTER DES POLICES PERSONNALISÉES AVEC GOOGLE FONTS

CHAPITRE 33.
Utiliser les nouvelles balises CSS3 – partie 2

Découvrez les nouvelles balises CSS3 pour ajouter facilement des effets sur vos textes, des dégradés de couleurs…

Un résumé sur les titres longs

Vous pouvez être face à des titres très longs qui vont dépasser le cadre de la div.

La propriété text-overflow permet dans ce cas d'afficher un résumé des articles ou des commentaires. C'est une propriété très utilisée, notamment dans les blogs wordPress.

Vous trouverez <u>text-overflow: clip</u> qui coupe le texte qui dépasse.

<u>ellipsis</u> termine le texte avec des points de suspension automatiquement.

<u>string</u> termine le texte avec une chaîne de caractères que vous définissez.

Exemples :

```
.clip {
 overflow: hidden;
```

UTILISER LES NOUVELLES BALISES CSS3 – PARTIE 2

```
text-overflow: clip;
}

.ellipsis {
overflow: hidden;
text-overflow: ellipsis;
}

.string {
overflow: hidden;
text-overflow: ", etc.";
}
```

Suivant vos besoins, vous utiliserez l'un des trois exemples ci-dessus. Dans le dernier cas, le titre trop long se termine avec les caractères ", etc.".

Saut à la ligne automatique pour un texte

Vous avez également les sauts à la ligne automatiques pour un texte avec la propriété hyphens.

Cette propriété permet de couper automatiquement les mots d'un texte en fonction de la valeur que vous préciserez.

none, les mots ne sont pas coupés.

manual, les mots sont coupés seulement au niveau des caractères qui suggèrent la possibilité d'une césure. Par exemple des mots séparés avec un tiret pour aller à la ligne.

auto, le navigateur qui réalise les coupures des mots aux endroits adéquats, cela dépend du navigateur que l'internaute utilise.

Attention avec hyphens, la coupure des mots automatiques dépend du navigateur. Vous avez –moz-hyphens: auto, -ms-hyphens: auto, hyphens: auto, et webkit-hyphens: auto pour que cette propriété soit reconnue par tous les navigateurs.

UTILISER LES NOUVELLES BALISES CSS3 – PARTIE 2

Il existe certaines propriétés CSS 3 qui sont encore au stade expérimental et qui sont intégrées plus ou moins différemment par les navigateurs. Alors utilisez plusieurs mots-clés avec le préfixe -webkit, -moz, -ms et la propriété CSS, juste derrière. C'est pour cela qu'elle est affichée plusieurs fois dans le code source.

Faites des tests sur différents navigateurs pour vérifier le résultat de votre côté.

Redimensionner un bloc

Vous pouvez redimensionner un bloc avec la propriété resize. Elle prend plusieurs valeurs :

none, l'utilisateur ne peut pas redimensionner le bloc. Vous avez un bloc div soit avec du texte, soit avec une image.

resize: none empêche l'utilisateur de redimensionner le bloc.

both, l'utilisateur peut redimensionner le bloc à la fois en hauteur et en largeur.

horizontal, l'utilisateur peut redimensionner le bloc uniquement en largeur.

vertical, l'utilisateur peut redimensionner le bloc uniquement en hauteur.

Maintenant vous pouvez définir ces paramètres par rapport à vos blocs div : est-ce qu'ils sont redimensionnables par l'utilisateur ou non.

Effectuer un dégradé de couleur linéaire

Vous pouvez carrément effectuer des dégradés de couleurs. Commençons par les linéaires. Plusieurs types de dégradés de couleurs sont possibles avec CSS 3.

UTILISER LES NOUVELLES BALISES CSS3 – PARTIE 2

Vous avez la propriété background: linear-gradient, qui permet d'effectuer un dégradé de couleurs linéaire dans un bloc. Vous définissez la couleur de début, la couleur de fin.

Comme premier paramètre vous indiquez d'où part votre dégradé :

<u>top</u> par défaut, <u>left,</u> <u>right</u> ou <u>bottom</u> suivant que votre dégradé parte d'en haut, du bas, de la gauche ou de la droite.

Cette propriété s'utilise avec les préfixes -webkit, -moz, -ms, car suivant les navigateurs, elle n'est pas intégrée exactement de la même façon.

Voici deux URL pour générer des dégradés de couleurs directement avec le code source disponible. Cela va encore plus vous simplifier la vie.

Vous rentrez vos paramètres de dégradés de couleurs et le code source CSS est généré automatiquement. Vous n'avez plus qu'à faire un copier-coller dans votre fichier CSS.

http://www.colozilla.com/gradient-editor

http://gradients.glrzad.com

<u>Exemple :</u>

```
.txt1 {
  background: -webkit-linear-gradient(top, #124DEF, #DEF124);
  background: -moz-linear-gradient(top, #124DEF, #DEF124);
  background: -ms-linear-gradient(top, #124DEF, #DEF124);
  background: -o-linear-gradient(top, #124DEF, #DEF124);
  background: linear-gradient(top, #124DEF, #DEF124);
}
```

UTILISER LES NOUVELLES BALISES CSS3 – PARTIE 2

Exemple de dégradé linéaire

Cet exemple de code source crée un dégradé de couleurs à partir du haut, couleur1 : 124DEF, couleur2 : DEF124.

Vous pouvez si vous le souhaitez, ajouter d'autres couleurs sur votre dégradé en continuant la liste #124DEF, #DEF124 avec autant de couleurs que vous le souhaitez.

Effectuer un dégradé de couleur circulaire

Vous pouvez aussi créer des dégradés de couleurs circulaires. Vous donnez le point central du dégradé de couleurs.

Vous pouvez utiliser un des mots-clés que vous connaissez maintenant par cœur : top, right, bottom, left. Ensuite, vous donnez la forme du gradient, soit circle (circulaire), soit ellipse (en ellipse, c'est la valeur par défaut), et la couleur de début et puis la couleur de fin du dégradé.

Exemple :

```
.txt1 {
background: -webkit-radial-gradient(top, circle, #124DEF, #DEF124);
background: -moz-radial-gradient(top, circle, #124DEF, #DEF124);
background: -ms-radial-gradient(top, circle, #124DEF, #DEF124);
background: -o-radial-gradient(top, circle,
```

UTILISER LES NOUVELLES BALISES CSS3 – PARTIE 2

```
#124DEF, #DEF124);
background: radial-gradient(top, circle, #124DEF,
#DEF124);
}
```

Exemple de dégradé circulaire

Ajouter de la transparence

La propriété opacity permet de modifier la transparence d'un élément. Si vous avez fait de l'ActionScript Flash, elle correspond à la propriété alpha en ActionScript.

Dans la propriété opacity, définissez une valeur comprise entre zéro et un. Zéro, votre élément sera invisible, et un, il n'y aura aucune transparence dessus.

Exemple :

```
.txt1 { opacity: 0.8; }
```

Et voici un exemple de code source avec du texte et une image :

```
<img src="logo.png"
onmouseover="this.style.opacity=1;
this.filters.alpha.opacity=100;"
onmouseout="this.style.opacity=0.4;
this.filters.alpha.opacity=40;" />
```

Quand vous passez la souris au-dessus de l'image et quand

UTILISER LES NOUVELLES BALISES CSS3 – PARTIE 2

vous sortez de l'image, l'opacité va être modifiée, la transparence de l'image est modifiée en direct.

Résumé du chapitre

Dans ce chapitre, nous vous avons présenté plusieurs fonctionnalités qui viennent compléter ce que vous avez vu dans les précédents chapitres. Par exemple, vous pouvez définir des blocs de dimension limitée. Si le texte est trop long, il sera tronqué avec la propriété text-overflow.

UTILISER LES NOUVELLES BALISES CSS3 – PARTIE 2

Notes

....
....
....
....
....
....
....
....
....
....
....
....
....
....
....
....
....

UTILISER LES NOUVELLES BALISES CSS3 – PARTIE 2

CHAPITRE 34.
Utiliser les nouvelles possibilités CSS3 – partie 3

D écouvrez comment les nouvelles balises CSS3 peuvent vous aider dans la présentation du contenu de votre site, effectuez des rotations du contenu, des transformations…

Rappel sur les préfixes CSS 3

Voici un rappel sur les préfixes CSS 3 :

FireFox utilise le préfixe moz ;

Chrome, Android et Safari utilisent le préfixe webkit ;

Opéra n'a pas de préfixe ;

Internet Explorer utilise le préfixe ms.

Ces préfixes indiquent des propriétés CSS spécifiques pour un navigateur, ou un comportement qui peut être différent des autres navigateurs.

Présenter un contenu en colonnes

Vous pouvez présenter un contenu en colonnes. Rappelez-vous sur des blogs WordPress, vous avez des contenus texte sous

UTILISER LES NOUVELLES POSSIBILITÉS CSS3 – PARTIE 3

forme de colonnes. Utilisez la propriété column. Vous avez plusieurs paramètres :

column-count est le nombre de colonnes à afficher pour le contenu.

column-width est facultatif, c'est la largeur de chaque colonne.

column-gap est l'espace, le padding entre chaque colonne.

column-rule vous permet de créer une bordure entre les colonnes, pour mieux organiser votre contenu.

Exemple :

```
.txt1 {
    width: 300px;
    padding:10px;

    text-align: justify;

    column-count: 3;
    column-gap: 10px;
    column-rule: 1px solid #33deff;

    -moz-column-count: 3;
    -moz-column-gap: 10px;
    -moz-column-rule: 1px solid #33deff;

    -webkit-column-count: 3;
    -webkit-column-gap: 10px;
    -webkit-column-rule: 1px solid #33deff;
}
```

Le résultat de cet exemple de code source s'affiche sur Google Chrome, Safari, Mozilla etc.

Le texte lorem ipsum, dans la div avec la classe de style txt, sera affiché sous forme de trois colonnes, avec une marge de 10 pixels et une bordure de pixels solides de couleur 33DEFF.

UTILISER LES NOUVELLES POSSIBILITÉS CSS3 – PARTIE 3

Recopiez ce code source dans votre document HTML et organisez votre texte sous forme de colonnes. Vous obtiendrez un rendu "effet de journal", votre texte est affiché sur plusieurs colonnes.

Le Lorem Ipsum est simplement du faux texte employé dans la composition	et la mise en page avant impression. Le Lorem Ipsum est le faux texte standard de	l'imprimerie depuis les années 1500, quand un peintre anonyme...

Contenu présenté en colonnes

Transformations CSS3

Voici différentes transformations possibles avec CSS3 grâce à la propriété transform.

Vous pouvez effectuer des rotations sur un bloc avec rotate et un angle.

rotate3D pour une rotation sur les 3 dimensions.

rotateX sur l'axe X (horizontal).

rotateY sur l'axe Y (vertical).

rotateZ sur l'axe Z (profondeur).

Toutes ces propriétés sont suivies d'un angle de rotation.

Vous pouvez ajouter des modifications d'échelle. Comme pour la rotation d'un bloc, les modifications d'échelle sur un bloc se font en précisant un nombre pour les propriétés scale, scale3d, scaleX, scaleY, scaleZ.

UTILISER LES NOUVELLES POSSIBILITÉS CSS3 – PARTIE 3

Vous pouvez effectuer des transformations obliques pour faire des effets avec la propriété skew, skewX, skewY, skewZ, et des déplacements, des translations avec translation3D, translationX, translationY.

Vous pouvez définir vos angles en degrés, en radians ou en gradient, à vous de choisir suivant ce que vous souhaitez créer dans votre document HTML.

Exemple :

```
.txt2 {
-moz-transform: rotate(-45deg);
-webkit-transform: rotate(-45deg);
-o-transform: rotate(-45deg);
transform: rotate(-45deg);
}
```

C'est un exemple de code source avec une rotation à -45° du texte.

Vous pouvez réaliser des rotations, des transformations, des redimensionnements, sur des images, sur du texte, sur tout un contenu div.

Reprenez le code source, utilisez-le, testez-le dans les documents HTML, c'est très important de faire les exercices de ce livre multimédia, c'est comme ça vous allez progresser le plus rapidement.

UTILISER LES NOUVELLES POSSIBILITÉS CSS3 – PARTIE 3

Rotation de 45 degrés

Le texte défilant

Vous pouvez créer, grâce à CSS, des textes défilants. Grâce à la propriété marquee, vous pouvez ajouter des effets de défilement sur un texte. Avant, vous le faisiez sûrement en JavaScript ou en ActionScript.

Vous donnez la direction du défilement avec marquee-direction.

marquee-increment, c'est le pas du défilement, plutôt rapide ou plutôt faible.

marquee-repetition, c'est le nombre de répétitions du défilement. Vous pouvez utiliser le paramètre infinity pour des défilements infinis. Une fois que le texte a fini de défiler, soit vous le remettez un nombre infini de fois ou un nombre défini de

UTILISER LES NOUVELLES POSSIBILITÉS CSS3 – PARTIE 3

fois, soit il arrête de défiler.

Vous pouvez définir avec marquee-style le style du défilement, et marquee-speed la vitesse de défilement.

Exemple :

```
#defile {
 -webkit-marquee-direction: auto;
 -webkit-marquee-increment: medium;
 -webkit-marquee-repetition: inifinte;
 -webkit-marquee-style: scroll;
}
```

Les filtres graphiques

Vous pouvez appliquer des filtres graphiques grâce à la propriété filter.

Vous donnez une valeur grayscale, c'est un filtre sur le niveau de gris.

sepia, c'est un effet sepia.

invert c'est un effet négatif.

opacity c'est un effet de transparence.

Vous donnez toujours une valeur comprise entre zéro et un et un pourcentage.

Exemple :

```
.div { filter: grayscale(50%); }
```

Vous pouvez si vous le souhaitez combiner plusieurs filtres :

```
.div { filter: grayscale(50%) opacity(15%); }
```

Hue-rotate joue sur la teinte avec un angle exprimé en degré.

UTILISER LES NOUVELLES POSSIBILITÉS CSS3 – PARTIE 3

brightness est un effet de luminosité.

contrast, c'est un effet de contraste.

blur c'est un effet de flou.

drop-shadow, c'est un effet d'ombre portée sur une image ou sur du texte.

Exemple :

```
.txt1 { filter: blur(5px); }
```

Les masques

Vous avez également appliquer la propriété mask. Les masques sont très utilisés si vous êtes développeur ActionScript flash.

Vous avez utilisé les masques ne serait-ce que pour faire du texte défilant avec une barre de défilement ou une image pour des effets de ticket à gratter.

Grâce à la propriété mask, vous pouvez réaliser la même chose :

un masque avec une image png et des pixels transparents.

Exemple :

```
.masque { -webkit-mask: url(mask.png) no-repeat center center; }
```

Résumé du chapitre

CSS3 est en perpétuel évolution du point de vue des navigateurs et des implémentations avec différentes propriétés. En plus, ils en créent des nouvelles qui peuvent leur être spécifiques,

UTILISER LES NOUVELLES POSSIBILITÉS CSS3 – PARTIE 3

et qui seront peut-être intégrées ensuite dans les standards. Pour cela, vous trouverez des propriétés préfixées spécifiquement pour un navigateur.

Si vous les utilisez, vérifiez régulièrement, surtout en changeant de version du navigateur, que le rendu pour votre site n'a pas été modifié.

UTILISER LES NOUVELLES POSSIBILITÉS CSS3 – PARTIE 3

Notes

UTILISER LES NOUVELLES POSSIBILITÉS CSS3 – PARTIE 3

CHAPITRE 35.
2 stratégies pour simplifier votre développement CSS3

Découvrez deux stratégies très importantes, deux stratégies piliers pour votre développement avec le langage CSS.

Vos applications Web seront plus sûres, vous offrant une meilleur maintenabilité, ainsi qu'une plus grande facilité d'évolution.

Ces techniques vont également vous permettre de travailler en équipe sur un projet.

Souvent, je rencontre des développeurs qui me posent des questions, par mail ou par les commentaires. Ils me disent, Matthieu, voici mon code CSS, comment ajouter telle fonctionnalité ? un bouton animé ? tel élément sur mon site web ?

Ils ont un grand pavé de code CSS qui fait 100 lignes. Vous êtes, vous aussi, peut-être dans ce cas-là.

Quand vous codez tout dans le même fichier CSS, il fait rapidement 100 ou 200 lignes. Il n'y a aucune architecture. Et il devient très difficile de rajouter des nouvelles fonctionnalités CSS pour l'ergonomie de votre site.

Je vais partager avec vous deux stratégies avancées, piliers, la base que vous devez mettre en place tout de suite dans votre

2 STRATÉGIES POUR SIMPLIFIER VOTRE DÉVELOPPEMENT CSS3

développement CSS pour créer un code CSS qui soit optimisé, déjà, compatible avec la majorité des navigateurs, compatible avec les tablettes, les smartphones, les ordinateurs de bureau, et le plus réduit possible. Pas besoin de mettre du code CSS en double quand vous pouvez le combiner en un seul morceau de code CSS.

Déjà, une des premières stratégies à mettre en place, que j'ai déjà partagé dans le chapitre précédent, c'est l'inclusion de fichiers, l'import de fichiers CSS, de créer des répertoires et les fichiers CSS qui vont dedans, je vous renvoie donc au chapitre précédent pour ce point là.

Il y a une autre stratégie que je souhaite partager avec vous, elle va vous aider dans votre développement CSS, surtout si vous êtes dans le cas où justement vous avez trop de code CSS, vous ne savez plus trop où mettre le code, comment modifier tel élément, comment l'animer :

il suffit d'utiliser les fonctionnalités existantes de CSS.

Par exemple, vous avez les classes, les attributs, une sorte de classe CSS. Vous pouvez créer une classe CSS, c'est ce que j'appelle des classes CSS, avec l'identifiant .quelque-chose (c'est le point qui fait que vous déclarez une classe) et cela va vous permette de définir la couleur par exemple.

Vous définissez la classe carrousel, la classe diaporama. Et tous les diaporamas qui sont présents dans votre site, seront déclarés avec div class="diaporama", ils auront le même design graphique. Cela va vous éviter de répéter le code, comme dans le cas où vous utilisez les identifiants : il faudrait faire #carroussel1, #carroussel2 etc.

Si vous avez cinq diaporamas dans votre page, vous aurez cinq fois le code répété, du coup vous arriverez vite à 200 lignes de code CSS.

2 STRATÉGIES POUR SIMPLIFIER VOTRE DÉVELOPPEMENT CSS3

Utilisez les classes CSS. Si vous savez que vous allez créer des éléments que vous aurez plusieurs fois dans la page, et ils seront tous identiques graphiquement. Si demain, ou dans un mois, deux mois, vous devez faire une évolution de la présentation, vous n'aurez qu'un seul endroit où changer le code, et automatiquement tous les éléments utilisant cette classe vont être mis à jour.

Vous avez les attributs, avec les identifiants. Vous définissez des identifiants, ça c'est pour un élément qui est unique dans votre présentation CSS. Et s'il y a d'autres éléments qui se ressemblent, mais qui sont différents en présentation, vous avez un autre identifiant, ces identifiants sont uniques.

Vous créez un code CSS par identifiant, #boutonValiderCommande, que vous utilisez avec div id="boutonValiderCommande". Vous avez votre bouton créé, il n'y en a qu'un seul dans une page Web de ce type-là.

Pour chaque page, vous pouvez réutiliser cet identifiant boutonValiderCommande, dans toutes les pages où il y a un bouton Commande, il sera toujours identique.

Première stratégie, créez plusieurs fichiers CSS : importez-les, organisez vos fichiers CSS dans des répertoires.

Deuxième stratégie très importante : utilisez déjà l'existant du code CSS, du langage CSS avec les classes, les attributs, cela va vous éviter de vous retrouver avec 100, 200 lignes de code CSS. Apprenez à optimiser votre code CSS en évitant les répétitions.

Si vous êtes dans ce cas-là, utilisez les classes, les attributs CSS. Pensez à créer plusieurs fichiers CSS. En fonction de la page, il n'y a pas besoin d'inclure tous les fichiers CSS. Votre site se charge ainsi beaucoup plus rapidement. En fonction de la page, vous avez peut-être besoin que de cinq fichiers CSS, dans d'autres pages dix ou quinze fichiers CSS.

2 STRATÉGIES POUR SIMPLIFIER VOTRE DÉVELOPPEMENT CSS3

Toutes ces optimisations vont vous permettre d'accélérer l'affichage des pages de votre site Web.

Deuxièmement, vous saurez plus facilement dans quel fichier CSS rajouter, ou modifier pour l'animation, le code, la modification de la couleur, les effets d'ombres etc. demandés.

Et troisièmement, vous pourrez travailler en équipe parce qu'avec du code bien architecturé, bien organisé, un autre développeur peut très bien travailler sur votre projet et rajouter les nouvelles fonctionnalités.

Trois avantages énormes que vous apportent l'organisation de votre code CSS, d'utiliser les classes et les attributs. Et voici une dernière technique que j'ai envie de partager avec vous.

Utilisez des frameworks !

Si vous codez des applications Web de plus en plus imposantes avec beaucoup de fonctionnalités. Regardez du côté des frameworks CSS. Je pense notamment au framework BootStrap 3, que nous verrons dans la prochaine partie en détail.

Plutôt que de recoder les boutons, le code CSS, des boutons, diaporama etc. BootStrap 3 vous propose tout ça. Il a déjà un code optimisé, il est compatible avec la majorité des navigateurs. Votre site s'affichera aussi bien sur tablette que sur un smartphone ou sur un ordinateur de bureau.

Étudiez les cours du framework BootStrap 3 dans la dernière partie de ce livre.

Maintenant c'est à vous de jouer, à votre tour de passer à la vitesse supérieure dans le développement avec le langage CSS.

2 STRATÉGIES POUR SIMPLIFIER VOTRE DÉVELOPPEMENT CSS3

Notes

2 STRATÉGIES POUR SIMPLIFIER VOTRE DÉVELOPPEMENT CSS3

GARDEZ TOUJOURS À L'ESPRIT QUE VOTRE PROPRE DÉCISION DE RÉUSSIR EST PLUS IMPORTANTE QUE N'IMPORTE QUOI D'AUTRE

— ABRAHAM LINCOLN

CHAPITRE 36.
Organiser votre code CSS pour plus d'efficacité

Organisez votre code CSS pour accélérer votre développement, faciliter la maintenance et l'évolution de vos applications Web.

Apprenez à structurer votre code CSS en le divisant

Je voudrais partager avec vous une stratégie pour vos applications HTML 5/CSS 3 qui va vous permettre :

D'une part de développer beaucoup plus rapidement, tout ce qui est l'ergonomie, le design de vos sites grâce aux feuilles de style CSS.

Et en plus de pouvoir corriger les erreurs d'affichage, les petits bugs qui peuvent arriver facilement et de pouvoir faire évoluer l'affichage, le design de votre site beaucoup plus simplement.

Je rencontre souvent des développeurs et vous êtes peut-être dans ce cas-là. Ils mettent tout le code des feuilles de style, donc le code CSS, dans la page HTML. Du coup, déjà il faut le mettre à chaque fois dans chaque page HTML, PHP et en plus vous avez un pavé, le code CSS ça peut aller très, très, vite en nombre de

ORGANISER VOTRE CODE CSS POUR PLUS D'EFFICACITÉ

lignes.

Vous pouvez avoir très facilement de 100 à 200 lignes CSS, surtout si vous voulez que votre site soit compatible avec tous les navigateurs, ceux des tablettes, des smartphones et également les ordinateurs de bureau. Du coup, vous ne savez plus où donner de la tête.

Et, pour faire évoluer, corriger un affichage, un bug dans votre site, c'est la croix et la bannière, et vous vous êtes peut-être retrouvé dans ce cas là, moi ça m'est déjà arrivé et, il y avait 200 lignes de code et c'est incorrigible.

Ce que je vais partager avec vous, c'est une technique que les débutants n'utilisent pas forcément parce qu'ils n'en voient pas l'intérêt ou ne la connissent pas.

Je vous conseille de créer des fichiers qui contiennent uniquement votre code CSS. Dans votre fichier HTML, vous aurez soit une balise link avec le lien vers un fichier CSS, donc plusieurs balises link avec vos liens vers vos fichiers CSS. Ou alors vous avez une sorte de fichier master CSS, vous l'incluez avec cette balise link et dans ce fichier master CSS, vous utilisez la balise import URL vers vos autres fichiers CSS.

Un fichier CSS peut inclure d'autres fichiers CSS. Quel est l'objectif me direz-vous ?

L'objectif, c'est que vous allez créer plusieurs fichiers CSS :

par exemple, un fichier CSS pour gérer le style du header, un fichier CSS pour gérer le style du pied de page, un fichier CSS pour gérer la barre latérale, un autre fichier CSS pour gérer le contenu de vos articles.

Vous allez créer plusieurs fichiers CSS avec uniquement le design de la partie du site dont il s'occupe. Soit le haut de page, la barre latérale des widgets, le bas de page, la zone de contenu.

ORGANISER VOTRE CODE CSS POUR PLUS D'EFFICACITÉ

L'avantage c'est que vous savez rapidement où vous avez à modifier le contenu de vos CSS. Par exemple, pour modifier les couleurs des liens ou les mettre en gras, les souligner, etc. Vous savez directement dans quel fichier taper, quel fichier aller chercher. Si vous avez un problème d'affichage sur la barre latérale, vous allez directement dans le fichier CSS avec ce problème d'affichage.

Vous allez gagner un temps de développement énorme pour concevoir le design graphique, l'ergonomie de votre site Internet et pour faire évoluer l'ergonomie de votre site Internet. Trois mois après, quand vous revenez sur votre site Internet, vous savez directement quel fichier CSS est à modifier, à améliorer pour effectuer les modifications graphiques demandées.

Pensez également à organiser vos fichiers CSS dans des répertoires. Vous pouvez avoir 3 fichiers CSS différents, surtout si vous avez des pop-up etc. Organisez vos fichiers CSS dans des répertoires, ce sera beaucoup plus simple pour les retrouver, pour retrouver le code concerné et mettre en place des améliorations du code CSS.

En utilisant cette technique d'inclusion de fichiers CSS et l'organisation par thème (le code CSS dans un fichier qui gère le pied de page ou le haut de page dans un répertoire dédié), vous allez gagner un temps phénoménal sur le développement de votre site, la maintenance du code CSS et les évolutions du code CSS.

C'est très très important d'utiliser cette stratégie de développement !

Exemple d'application

```
<head>
 <meta charset="UTF-8">
```

ORGANISER VOTRE CODE CSS POUR PLUS D'EFFICACITÉ

```
<!-- Importation de CSS externes -->
<link rel="stylesheet" href="bootstrap-3.2.0-dist/css/bootstrap.css">
<link href="font-awesome-4.1.0/css/font-awesome.min.css" rel="stylesheet">

<!-- Nos CSS -->
<link rel="stylesheet" type="text/css" href="design2014.css"/>

</head>
```

Et dans le fichier design2014.css, vous retrouvez des importations d'autres CSS avec par exemple :

```
@import "barre_laterale.css";
@import "pied_de_page.css";
@import "menu.css";
```

Résumé du chapitre

Utilisez des fichiers CSS pour inclure votre code, plutôt que de le répéter dans chaque page. Structurez-le en faisant plusieurs fichiers et importez-les dès que vous en avez besoin, que ce soit dans votre page ou dans un autre fichier CSS. La maintenance et l'évolutivité n'en seront que plus faciles.

ORGANISER VOTRE CODE CSS POUR PLUS D'EFFICACITÉ

Notes

ORGANISER VOTRE CODE CSS POUR PLUS D'EFFICACITÉ

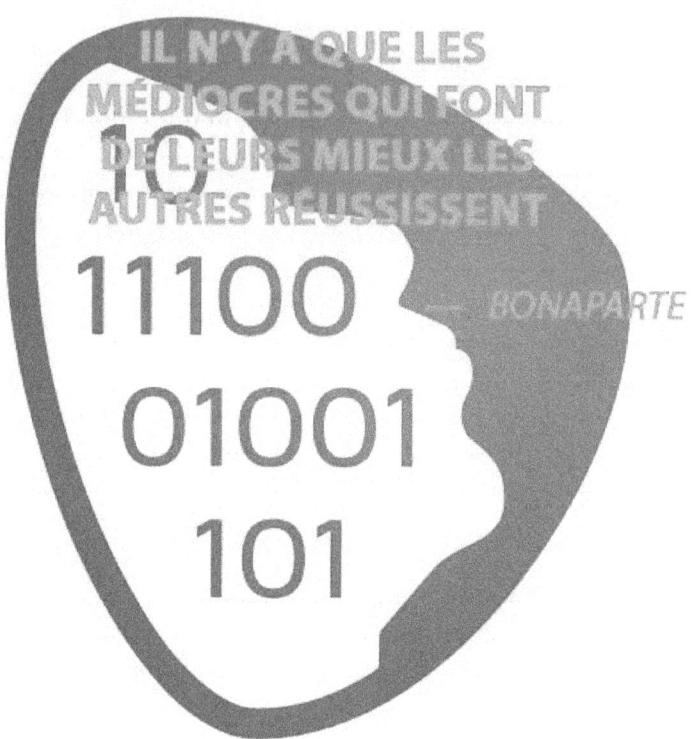

CHAPITRE 37.
Stratégie CSS avancée pour gagner un temps considérable

Utilisez la stratégie de ce chapitre pour gagner un temps considérable dans vos développements CSS.

Je voudrais partager avec vous un conseil, une stratégie avancée très importante et utilisée par les experts en développement qui leur fait gagner un temps considérable dans le développement de leur application Web avec CSS 3, HTML 5.

Cette stratégie permet justement de créer des applications performantes qui s'affichent correctement, que ce soit sur les smartphones, les tablettes, les ordinateurs de bureau. Et quel que soit le navigateur de l'utilisateur, votre site Web s'affichera comme vous l'avez imaginé.

Vous êtes peut-être dans ce cas-là, la majorité des développeurs confirmés et professionnels, surtour c'est ceux qui ont un haut niveau d'études, bac+5 et plus, préfèrent tout coder eux-mêmes. D'accord, ils en sont capables, ce n'est pas le problème, le truc c'est que ça sert à rien de réinventer la roue, surtout quand cela a été déjà fait par d'autres.

Si vous êtes dans ce cas-là, que vous préférez rester la tête dans le guidon et tout développer vous-même, le conseil utilisé par les experts justement, c'est d'être ouvert et de regarder ce qui

STRATÉGIE CSS AVANCÉE POUR GAGNER UN TEMPS CONSIDÉRABLE

se fait autour de vous :

Est-ce qu'il y a un framework qui a été développé qui pourrait vous aider?

Est-ce qu'il y a une classe, un ensemble de codes CSS créés qui pourrait vous aider ?

Rien que le fait de regaarder autour de vous, de discuter avec d'autres développeurs experts, cela va vous amener des idées de codes existants et tout cela mis bout à mout, peut vous faire gagner un temps de développement phénoménal.

Par exemple, le framework BootStrap3 a été créé par des experts CSS 3, HTML 5. Il vous permet de gagner un temps considérable pour créer des sites qui s'affichent à la fois sur smartphone, tablette, ordinateur de bureau. Ces mêmes sites sont compatibles avec la multitude de navigateurs web existants.

Plutôt que de réinventer la roue à chaque fois, ce framework, cet ensemble de classes est à votre disposition, prêt à être utilisé. Vous gagnez du temps dans votre développement, pas besoin de rechercher, pas de bug à corriger dans le framework parce qu'il est régulièrement mis à jour. Vous avez juste à le signaler sur les « report bugs » et vous savez que dans la prochaine version ce bug sera corrigé.

En ayant cet état d'esprit ouvert, en discutant avec les autres développeurs, en regardant un peu ce qui se fait ailleurs au niveau des frameworks, les ensembles de classes CSS, cette stratégie va vous permettre de faire un grand bond en avant dans votre développement et d'être plus performant, plus efficace dans la création d'applications CSS 3, HTML 5, tout en respectant la charte définie par le cahier des charges.

Appliquez ce conseil, cette stratégie avancée dès aujourd'hui dans vos développements. Justement, je vous propose de voir un

STRATÉGIE CSS AVANCÉE POUR GAGNER UN TEMPS CONSIDÉRABLE

peu plus à quoi ressemble BootStrap 3 dans la troisième partie de ce livre.

STRATÉGIE CSS AVANCÉE POUR GAGNER UN TEMPS CONSIDÉRABLE

Notes

STRATÉGIE CSS AVANCÉE POUR GAGNER UN TEMPS CONSIDÉRABLE

CHAPITRE 38.
5 pratiques CSS3 pour des applications performantes sur mobiles

Apprenez les bonnes pratiques pour créer des sites pour les terminaux mobiles (smartphones ou tablettes). Dans ce chapitre, vous verrez comment créer des feuilles de style adaptées aux sites mobiles.

Les bonnes pratiques CSS3

Comme vous vous en doutez sûrement, avec les smartphones ou les tablettes, les visiteurs accèdent très souvent à Internet via la 3G, un petit peu avec la 4G mais ce n'est pas encore très développé. Beaucoup d'utilisateurs surfent en 3G ou 3G+.

Le site pour mobile doit être le plus léger possible et effectuer le moins de requêtes possible au serveur. Optimisez-le, la taille de vos fichiers CSS, le moins de requête possible au serveur. Premièrement, vous devez inclure les feuilles de style via un fichier externe, pourquoi ?

Si vous avez plusieurs pages qui utilisent le même fichier CSS via un import externe, ce fichier CSS va être mis dans le cache du navigateur. Avec cette astuce de métier, le chargement du fichier sera beaucoup plus rapide. Pensez à minimiser également vos feuilles de style pour qu'elles prennent le moins de place possible.

5 PRATIQUES CSS3 POUR DES APPLICATIONS PERFORMANTES SUR MOBILES

Voici deux adresses de sites cssminifier.com et refresh-sf.com/yui pour minimiser la taille de vos feuilles de style CSS. Elles seront encore plus rapides à charger. Votre utilisateur attendra moins longtemps pour afficher votre site Internet sur son smartphone.

Minimisez vos feuilles de style avec les sites suivants :

http://cssminifier.com

http://refresh-sf.com/yui

Utilisez plutôt un défilement vertical, que ce soit sur une tablette ou sur un smartphone. Utilisez un défilement vertical c'est beaucoup plus intuitif, beaucoup plus simple. Le défilement horizontal est vraiment très peu utilisé.

Adaptez la largeur à la taille de l'écran du périphérique.

Vous pouvez également utiliser un système d'affichage sous forme d'accordions : il y a un menu, le visiteur clique, cela ouvre une nouvelle zone, le visiteur clique sur un autre menu, cela ouvre une autre zone. L'accordion est très pratique pour afficher énormément d'informations sur un espace réduit : des panneaux s'ouvrent et le contenu change directement.

Vous avez également la technique d'utiliser des sprites avec CSS3 : vous avez une image qui contient plusieurs logos, avec les sprites CSS3, vous donnez des coordonnées de l'image.

L'avantage, c'est que vous faites une seule requête pour charger la grande image depuis le serveur. Grâce à CSS 3, vous prenez uniquement des morceaux dans votre image.

Vous pouvez également utiliser les pourcentages dans les fichiers CSS pour afficher vos images. Si vous donnez une largeur et une hauteur en pourcentage, l'image va s'afficher automatiquement quelle que soit la taille de l'écran du périphérique, que ce soit une tablette ou un smartphone. Vous

5 PRATIQUES CSS3 POUR DES APPLICATIONS PERFORMANTES SUR MOBILES

devez créer des design responsive.

Pour résumer, un site responsive, c'est un site dont la largeur, la position des éléments, s'adaptent automatiquement que ce soit un smartphone, une tablette ou un ordinateur de bureau. Votre site Internet va détecter le périphérique, et va adapter son affichage pour qu'il reste toujours agréable pour l'utilisateur.

Il est très important de créer des design responsive !

Exemple :

```
/* Permet d'utiliser un sprite avec une image */
.container{
 height: 50px;
 width: 50px;
 background: url(05-sprite-images-css.png) no-repeat top left;
}
```

```
.sprite-logo1 { background-position: 0 0; width: 50px; height: 50px; }
```

Avec l'exemple ci-dessus, une première image est chargée. Elle est constituées de plusieurs iùages. Dans votre div, vous appellez la classe sprite-logo1 pour afficher votre logo. Le logo n'est rien d'autre qu'une sous-image de la première.

Vous pouvez également encoder vos images en base 64 à la place d'un chargement via un fichier externe. L'encodage en base 64 rend la taille de l'image plus grande mais permet de réduire très fortement les appels au serveur. Aucun fichier n'est chargé.

Si vous utilisez des images avec CSS, à chaque fois qu'il y a un background, l'URL de l'image interrogera le serveur pour charger l'image. Si vous l'encodez en base 64 directement dans votre fichier CSS, vous chargez uniquement votre fichier CSS. Iil n'y a qu'une seule requête envoyée au serveur et c'est tout.

5 PRATIQUES CSS3 POUR DES APPLICATIONS PERFORMANTES SUR MOBILES

Le seul inconvénient c'est que la base 64 rend la taille de l'image plus grande, elle prend plus de poids dans vos fichiers CSS. Alliez les deux, c'est à vous de voir, soit vous privilégiez le poids, soit vous faites plus de requêtes au serveur.

Effectuez des tests !

Convertissez vos images en base 64 pour les intégrer dans votre CSS avec ce site :

http://www.base64-image.de

Résumé du chapitre

Votre site Internet peut être consulté par beaucoup de personnes différentes, avec des besoins différents. Pour cela, il faut que votre site s'adapte à ces besoins. Il doit se charger rapidement et consommer peu de bande passante, donc prendre le minimum de place pour transiter facilement sur les réseaux 3G.

Le principe général est d'utiliser au maximum le cache du navigateur. C'est là qu'il télécharge et stocke temporairement les données téléchargées. Si vous utilisez dans votre site toujours les mêmes fichiers, alors le navigateur ira toujours chercher les fichiers dans ce cache, n'utilisant pas le réseau et accélérant ainsi l'affichage de votre site.

5 PRATIQUES CSS3 POUR DES APPLICATIONS PERFORMANTES SUR MOBILES

Notes

3ème partie.
Le Framework BootStrap 3

---◆---

Comme nous vous l'indiquions dans les précédents chapitres, il est important pour programmer rapidement et efficacement de regarder ce qu'il se fait déjà ailleurs et si des solutions intégrables à votre développement sont possibles.

Voici la troisième et dernière partie de ce livre. Je vais vous présenter le framework BootStrap 3 qui va vous permettre de développer plus facilement le rendu visuel de votre site.

Si vous avez bien étudié les chapitres sur CSS3, alors cette troisième partie sera essentiellement de l'intégration d'un framework dans votre code. Nous reviendrons cependant parfois sur les notions vues dans la deuxième partie pour les détailler et voir comment elles sont implémenter dans BootStrap 3.

3ÈME PARTIE. LE FRAMEWORK BOOTSTRAP 3

TOUS CEUX QUI RÉUSSISSENT
APPRENNENT QUE LE SUCCÈS
SE TROUVE DE L'AUTRE COTÉ DE LA
FRUSTRATION. MALHEUREUSEMENT,
CERTAINS N'ARRIVENT PAS A
PASSER DE L'AUTRE CÔTÉ.
LES GENS QUI N'ATTEIGNENT PAS LEURS
OBJECTIFS SONT GÉNÉRALEMENT
ARRÊTÉS PAR LA FRUSTRATION.
ILS LA LAISSENT LES EMPÊCHER D'AGIR
COMME IL CONVIENDRAIT POUR
RÉALISER LEURS DÉSIRS. POUR
DÉPASSER CET OBSTACLE
IL FAUT ENTRER DANS LA FRUSTRATION,
FAIRE DE CHAQUE ÉCHEC UN TREMPLIN,
SAVOIR EN TIRER UNE LEÇON, ET AVANCER
PLUS LOIN
— ANTHONY ROBBINS

CHAPITRE 39.
Présentation du Framework BootStrap 3

Découvrez comment le framework BootStrap 3 va vous permettre de simplifier le développement de la partie graphique de votre site Web.

BootStrap 3 est un bibliothèque CSS qui contient de nombreux composants qui vous seront très utiles dans le développement de votre site.

BootStrap 3 fournit aussi des composants utilisant la bibliothèque jQuery qui vont vous permettre d'ajouter de nouvelles fonctionnalités au niveau de l'interface.

Présentation du framework BootStrap 3

Le framework BootStrap 3 est une bibliothèque qui contient du CSS et qui interagit avec une application JavaScript, cette dernière utilisant jQuery. BootStrap 3 permet de créer des sites Internet pour les périphériques mobiles comme les smartphones, les tablettes et pour les ordinateurs de bureau. Votre site s'adapte automatiquement en fonction de la taille de l'écran du périphérique de l'internaute.

BootStrap permet d'améliorer considérablement votre développement d'applications Web. Votre site devient compatible avec la majorité des navigateurs, que ce soit Safari pour Apple,

PRÉSENTATION DU FRAMEWORK BOOTSTRAP 3

Google Chrome, Firefox et même Internet Explorer.

Comme BootStrap utilise des scripts, il faut que votre utilisateur accepte de les exécuter, sinon le comportement voulu ne sera pas toujours disponible (par exemple pour les boutons, les infobulles, etc.).

Pensez à tester la réaction de votre site sans les scripts et présentez un message à l'utilisateur pour lui indiquer qu'il bénéficiera d'une meilleure expérience en les activant.

BootStrap 3 propose un système de grille. Vous découpez votre page de une à 12 colonnes pour organiser vos éléments. Par exemple pour un blog, vous aurez l'en-tête, sur le côté la zone widget qui prendra par exemple trois colonnes et les neuf autres colonnes ce serait votre contenu, généralement les articles, les pages etc.

Il y a également avec BootStrap 3, une bibliothèques d'icônes. Il existe même d'autres extensions qui permettent d'ajouter encore plus d'icônes. Bien évidemment, il y a des widgets, des formulaires améliorés.

Vous pouvez créer des infobulles, des menus verticaux ou horizontaux, des sortes de menu à onglets également. Vous avez tout un tas d'éléments prêts à être utilisés pour votre site Internet.

Installation de BootStrap 3

Pour télécharger la dernière version du framework BootStrap 3, il suffit de vous rendre sur :

http://getbootstrap.com

BootStrap 3 utilise le framework jQuery, vous aurez besoin d'aller sur le site jQuery.com pour télécharger la dernière version de jQuery. Ensuite, il suffit de copier le fichier jQuery.js dans le répertoire JS de BootStrap 3 (ce répertoire apparaîtra quand vous

PRÉSENTATION DU FRAMEWORK BOOTSTRAP 3

aurez décompressé le fichier téléchargé de BootStrap 3).

Vous avez également des exemples de tous les composants, tous les éléments que vous pouvez intégrer sur votre site. Vous pouvez personnaliser tous les éléments qu'il y a dans BootStrap 3 : les couleurs des éléments des formulaires, des boutons, etc.

Testez l'URL getbootstrap.com/customize pour créer votre thème personnalisé.

Documentation de BootStrap 3

La documentation de BootStrap est malheureusement principalement en anglais. Il existe une documentation en français mais elle est incomplète. Avec les différents chapitres de ce livre, vous allez apprendre à utiliser très rapidement ce framework BootStrap 3.

Si vous êtes bilingues, rendez-vous sur le lien ci-dessous pour une description complète des éléments BootStrap.

http://bootstrapdocs.com/v3.0.3/docs/css/

Exemple d'application

Le code source est vraiment très simple comme je vous l'ai dit, vous intégrez jQuery puis BootStrap tout simplement avec bootstrap.js.

```html
<!DOCTYPE html>
<html lang="fr">
<head>

<title>BootStrap 3 - Développement Facile</title>
<meta charset="UTF-8">

<!-- permet au CSS de déterminer la résolution de
l'écran en fonction du périphérique -->
```

PRÉSENTATION DU FRAMEWORK BOOTSTRAP 3

```
<meta name="viewport" content="width=device-width, initial-scale=1">
<link rel="stylesheet" href="bootstrap-3.2.0-dist/css/bootstrap.css">
<script src="bootstrap-3.2.0-dist/js/jquery-1.10.2.js"></script>
<script src="bootstrap-3.2.0-dist/js/bootstrap.js"></script>
```

Ensuite, vous définissez votre style normalement dans la balise style. Police Arial taille 10 puis la propriété margin-top de 30 pixels sur le footer. Ce qui donne :

```
<style>
body{
font-size: 12px;
font-family: Arial;
}

footer{
margin-top: 30px;
}
</style>
```

Pour terminer le header :

```
</head>
<body>

<header>
<span><h1>Developpement Facile</h1></span>
</header>
```

Vous avez toujours une div container, et dedans vous aurez les éléments BootStrap qui vont être intégrés :

```
<!-- La mise en forme du contenu de la div via la classe .container.
La classe .container permet de définir la largeur
```

PRÉSENTATION DU FRAMEWORK BOOTSTRAP 3

```
et la disposition du canevas de la page. -->
 <div class="container">
  <h3>Exemple de page construite avec Bootstrap</h3>
 </div>

 <footer>
  <hr>
  <p>Copyright www.Developpement-Facile.com 2014</p>
 </footer>
</body>
</html>
```

Voilà une première page rédigée en intégrant le framework BootStrap 3 !

Résumé du chapitre

Vous avez un premier exemple de code source, maintenant c'est à vous de jouer !

Commencez par installer le framework BootStrap, regardez la page des composants, personnalisez votre thème et commencez à vous amuser avec les composants.

PRÉSENTATION DU FRAMEWORK BOOTSTRAP 3

Notes

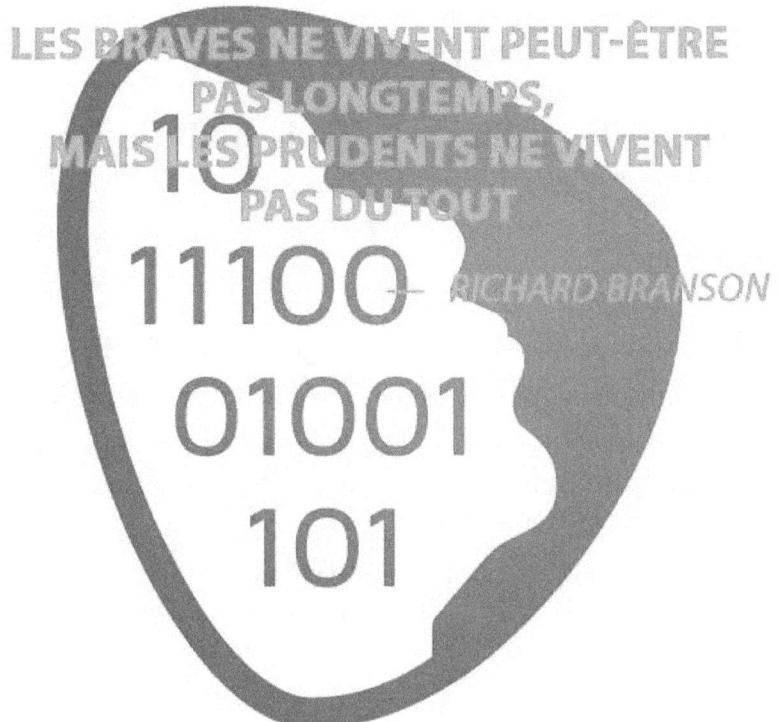

CHAPITRE 40.
Utiliser le système de grille de BootStrap 3

BootStrap 3 vous permet de gérer les différents supports que vos utilisateurs utilisent pour naviguer sur votre site Web.

Que ce soit à partir d'un smartphone, d'une tablette ou d'un ordinateur fixe, votre site aura toujours la présentation idéale grâce au système BootStrap 3.

Pour cela, il s'appuie sur un système de grille. Apprenez à utiliser la puissance de ce système fondamental dans ce chapitre.

Les grilles

Suivant le nom utilisé, vous utiliserez le terme grilles ou colonnes. Très pratique, ce système de grilles permet de créer un site « responsive », c'est-à-dire un site qui s'affiche correctement sur tous les périphériques.

Vous allez définir une ligne composée de 1 à 12 colonnes. Pour cela, une simple div avec la classe row suffit pour définir la ligne. Ensuite, vous pourrez mettre tous vos éléments dans les différentes colonnes.

Il y a quatre systèmes de grilles différentes en fonction des périphériques. Ce sont des options dans votre classe CSS que vous renseignez grâce à un mot-clé :

UTILISER LE SYSTÈME DE GRILLE DE BOOTSTRAP 3

xs, sm, md ou lg suivi du nombre de colonnes souhaité.

Vous mettez le mot clé <u>col-xs</u> le nombre de colonnes pour les smartphones, en fait pour les périphériques dont la largeur est inférieure à 768 pixels.

Vous avez <u>col-sm</u> pour les small devices, les petits périphériques comme les tablettes avec une largeur inférieure à 992 pixels.

Vous avez <u>col-md</u> pour les périphériques de taille moyenne, c'est-à-dire dont la largeur est en-deçà de 1200 pixels, typiquement les ordinateurs de bureau.

Pour finir, pour les écrans plasma de 1 m ou 2 m, les grandes télés avec une largeur supérieure à 1200 pixels, c'est la classe <u>col-lg</u> qu'il faudra utiliser.

<u>Exemple pour afficher deux zones de contenus :</u>

```
<div class="container">
<div class="row">

<!-- occupe 9 colonnes sur 12 de la grille -->
<div class="col-md-9">
<h2>Zone de contenu</h2>
</div>

<!-- occupe les 3 colonnes restantes sur la grille -->
<div class="col-md-3">
<h2>Zone des Widgets</h2>
</div>

</div>
</div>
```

Vous pouvez combiner plusieurs grilles, une grande grille et une autre grille à l'intérieur. C'est vous qui voyez en fonction de la complexité que vous souhaitez développer dans votre site Internet. Vous découvrirez un exemple dans le chapitre suivant.

UTILISER LE SYSTÈME DE GRILLE DE BOOTSTRAP 3

Exemple d'application

Reprenons l'exemple vu précédemment, avec une zone de contenu et une zone pour les widgets. Comme vous souhaitez pouvoir l'afficher sur différents types d'écran, commencez par définir l'espace que peuvent occuper ces zones en fonction de la largeur disponible. Cela se fait en combinant les classes.

Exemple :

```
<div class="container">
 <div class="row">

    <div class="col-md-10 col-sm-8 col-xs-6">
    <h2>Zone de contenu</h2>
    </div>

    <div class="col-md-2 col-sm-4 col-xs-6">
    <h2>Zone des Widgets</h2>
    </div>

  </div>
</div>
```

Ainsi, pour un ordinateur de bureau vous aurez deux zones de 10 et 2 colonnes de large, pour des tablettes, 8 et 4, et pour un smartphone, deux zones de 6 colonnes de large.

UTILISER LE SYSTÈME DE GRILLE DE BOOTSTRAP 3

Sur ces deux images, les deux mêmes zones n'occuperont pas le même espace qu'elles soient affichées sur un smartphone (en haut) ou un ordinateur de bureau (en bas), mais le code ne diffère que sur les classes appliquées à l'élément div

UTILISER LE SYSTÈME DE GRILLE DE BOOTSTRAP 3

Une autre option intéressante possible : le décalage des colonnes. Cela permet par exemple de laisser un espace entre votre zone de contenu et celle des widgets.

Exemple :

```
<div class="container">
<div class="row">

<div class="col-md-4">
<h2>Zone de contenu</h2>
</div>

<div class="col-md-6 col-md-offset-2">
<h2>Zone des Widgets</h2>
</div>

</div>
</div>
```

Dans l'exemple, vos 12 colonnes sont réparties avec 4 colonnes pour le contenu, 2 pour aérer votre page et 6 pour la dernière zone.

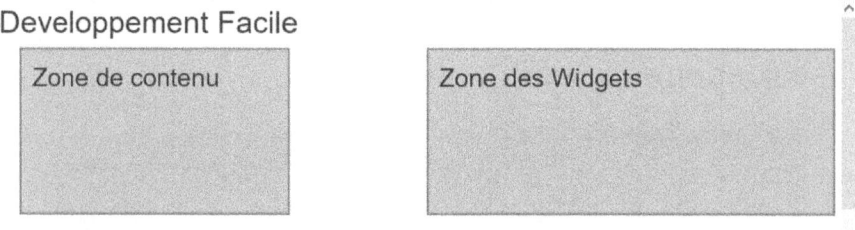

Exemple d'utilisation d'un offset : les deux zones sont séparées par un espace défini dans le code

Résumé du chapitre

UTILISER LE SYSTÈME DE GRILLE DE BOOTSTRAP 3

Le système de grille de BootStrap 3 est l'élément central à maîtriser. C'est à l'intérieur de celui-ci que vous ajouterez votre contenu et que vous pourrez utiliser toutes les possibilités du framework que nous allons développer dans les chapitres suivants.

Vous avez également pu voir dès ce chapitre que BootStrap 3 est très orienté sur l'affichage du contenu sur plusieurs périphériques. Ces notions reviendront souvent dans les prochains chapitres.

UTILISER LE SYSTÈME DE GRILLE DE BOOTSTRAP 3

Notes

CHAPITRE 41.
Mise en page avec BootStrap 3

Après avoir découvert le système de grille de BootStrap 3, maîtrisez tout son potentiel. Réalisez la mise en page de votre site Web pour qu'il s'adapte au périphérique de votre visiteur.

Dans le chapitre précédent, vous avez commencé à aborder un concept fondamental du framework BootStrap 3 : le système de grille. Ce chapitre est divisé en deux parties car c'est un pilier du framework BootStrap 3. Il faut absolument que vous sachiez l'utiliser, que vous compreniez comment utiliser au mieux ce système de grille.

Imbriquer des grilles

Voici les différentes possibilités qu'offre BootStrap avec son système de grille.

Vous pouvez imbriquer plusieurs grilles. Vous avez la grille principale qui est divisée en douze colonnes, et les grilles secondaires qui sont chacune divisées en 12 colonnes. Les grilles sont définies en partant de la gauche.

Exemple :

```
<div class="row" id="content">
 <div class="col-md-9">
  <h2>Zone occupant 9 colonnes</h2>
```

```html
<!-- création d'une deuxième grille -->
<div class="row">
<div class="col-xs-3">
<h2>Zone des Widgets</h2>
<p>3 colonnes</p>
</div>

<!-- ajout d'un espace -->
<div class="col-xs-5 col-md-offset-1">
<h2>Zone de contenu</h2>
<p>5 colonnes</p>
</div>

</div>
</div>
</div>
```

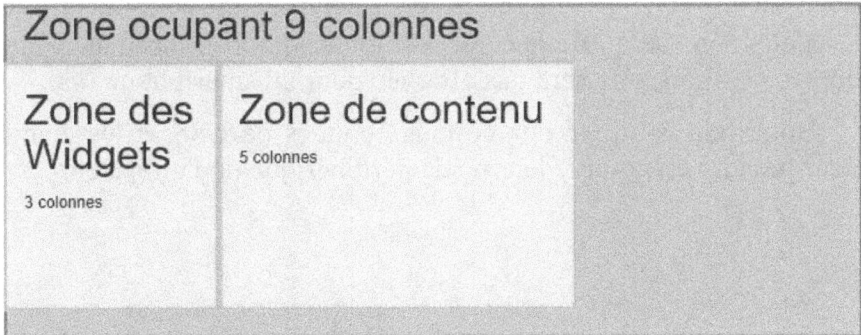

Exemple d'une grille imbriquée (en vert) dans une autre (en bleu)

MISE EN PAGE AVEC BOOTSTRAP 3

Les options de BootStrap pour le contenu

BootStrap 3 dispose de plusieurs classes qui vous permettent d'afficher du contenu, ou de le masquer en fonction du type de périphérique.

Si vous êtes sur un ordinateur de bureau, vous pouvez afficher tout votre contenu. Si vous êtes sur un écran réduit, il est intéressant de masquer certaines grilles de votre page pour donner une meilleure lisibilité pour votre internaute.

Pour cela, vous utiliserez les classes hidden ou visible suivies du type de périphérique pour respectivement cacher ou afficher du contenu en fonction du périphérique.

Exemple :

```
<div class="col-md-4 hidden-xs">
<h1>Zone N°2</h1>
<p><b>zone qui va disparaitre</b></p>
</div>
```

Cette zone sera affichée sur 4 colonnes pour un ordinateur de bureau (md) mais ne sera pas affichée pour un smartphone (xs).

BootStrap 3 utilise des notions connues de CSS et les étend pour prendre en compte le type de périphérique de l'utilisateur.

MISE EN PAGE AVEC BOOTSTRAP 3

Toujours avec le même code mais grâce aux classes BootStrap 3, vous pouvez cacher une zone sur un périphérique (en haut, exemple d'un smartphone) alors qu'elle sera affichée sur d'autres (en bas, exemple d'un ordinateur de bureau)

Résumé du chapitre

MISE EN PAGE AVEC BOOTSTRAP 3

Vous avez découvert la puissance du framework BootStrap. En fonction de la taille de l'écran à votre disposition, vous pouvez choisir de masquer ou d'afficher des éléments de rajouter des espaces vides pour aérer votre site.

C'est un système relativement simple à utiliser !

MISE EN PAGE AVEC BOOTSTRAP 3

Notes

....
....
....
....
....
....
....
....
....
....
....
....
....
....
....
....

MISE EN PAGE AVEC BOOTSTRAP 3

CHAPITRE 42.
Effectuer la mise en forme du texte avec BootStrap 3

———— ♦ ————

Apprenez à mettre en valeur le contenu de votre site avec le framework BootStrap 3. Découvrez comment personnaliser vos titres et vos paragraphes, faire des citations, rajouter de la couleur.

Les titres

BootStrap 3 propose déjà des pré-formatages pour votre titre. Vous n'avez qu'à utiliser la balise en fonction du titre souhaité.

EFFECTUER LA MISE EN FORME DU TEXTE AVEC BOOTSTRAP 3

Titre	Taille	Padding-top	Padding-bottom	Exemple
H1	36px	20px	10px	Titre
H2	30px	20px	10px	Zone
H3	24px	20px	10px	Titre de
H4	18px	10px	10px	Titre de n
H5	14px	10px	10px	Titre de nive
H6	12px	10px	10px	Titre de niveau

Les paragraphes

Vous avez des classes CSS pour aligner très facilement les paragraphes. Vous avez un paragraphe avec une balise <p> avec votre texte à l'intérieur. Si vous souhaitez l'aligner à gauche, à droite ou le centrer, vous utiliserez respectivement les classes text-left, text-right, text-center.

Exemple :

```
<p class="text-left">Texte aligné à gauche</p>
```

EFFECTUER LA MISE EN FORME DU TEXTE AVEC BOOTSTRAP 3

Résumé d'un article

Imaginons que vous avez un texte imposant, c'est-à-dire un grand texte affiché sur votre page, par exemple un article de blog. Alors vous voudrez affiché un résumé au début de l'article. BootStrap gère ce système de résumé avec la classe lead.

Vous aurez donc un premier paragraphe pour le résumé avec la classe lead, puis un autre paragraphe avec le contenu complet de votre article.

Exemple :

```
<p class="lead">Résumé de votre article</p>
```

Les citations

Comme sur les blogs, vous pouvez avoir besoin d'afficher des citations. BootStrap 3 vous permet de le faire à travers l'élément blockquote.

Exemple :

```
<blockquote>"Insérez une citation"</blockquote>
```

> 5 colonnes alignées à droite
>
> "Couplez faiblement les objets qui interagissent."
> — www.programamtion-facile.com

La classe blockquote vous permet d'insérer une citation. La source est ici ajoutée avec la balise small.

EFFECTUER LA MISE EN FORME DU TEXTE AVEC BOOTSTRAP 3

Mettre du texte en avant

BootStrap vous permet de mettre facilement du texte en avant avec une bordure arrondie, un fond de couleur, etc. Cela se fait avec la classe well, qui se décompose également suivant le périphérique de l'utilisateur (well-sm, well-xs, etc.).

Exemple :

```
<div class="well well-sm">Texte mis en avant dans une div de couleur avec des bordures et des coins arrondis.</div>
```

Exemple d'utilisation de la balise well

Résumé du chapitre

Basé sur le langage CSS, BootStrap 3 s'utilise la plupart du temps en spécifiant uniquement une classe dans les éléments HTML que vous connaissez. Ainsi, la mise en page ne diffère pas beaucoup de ce que vous connaissez avec les langages HTML et CSS.

EFFECTUER LA MISE EN FORME DU TEXTE AVEC BOOTSTRAP 3

Notes

....
....
....
....
....
....
....
....
....
....
....
....
....
....
....

EFFECTUER LA MISE EN FORME DU TEXTE AVEC BOOTSTRAP 3

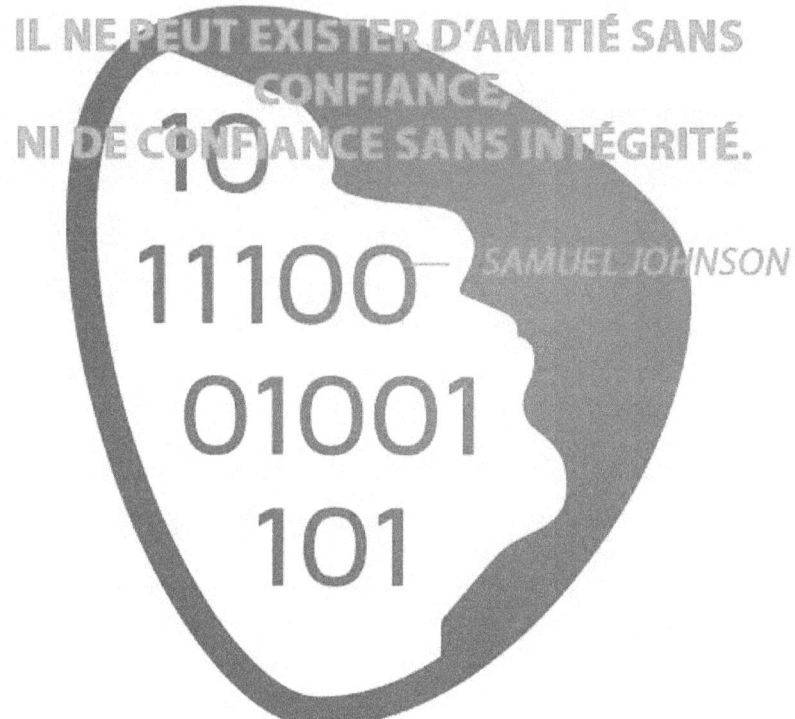

IL NE PEUT EXISTER D'AMITIÉ SANS CONFIANCE,
NI DE CONFIANCE SANS INTÉGRITÉ.

— SAMUEL JOHNSON

CHAPITRE 43.
Afficher des messages d'alerte avec BootStrap 3

―――――― ♦ ――――――

Apprenez à afficher et à mettre en valeur simplement vos messages informatifs et d'alerte avec BootStrap 3.

Afficher des messages informatifs

Pour afficher un message, utilisez dans votre balise div ou paragraphe, certaines classes CSS pour mettre le message en valeur. Vous avez différentes classes CSS disponibles. Je vous ai listé ces classe CSS :

text-muted, c'est une couleur légèrement grise ;

text-primary, c'est une couleur bleu pale pour un message informatif ;

text-success, c'est en vert pour par exemple montrer qu'une opération s'est déroulée avec succès ;

text-info, c'est une couleur bleue pour informer l'utilisateur ;

text-warning, c'est une couleur orange pour dire à l'utilisateur de faire attention ;

AFFICHER DES MESSAGES D'ALERTE AVEC BOOTSTRAP 3

text-danger, là c'est une couleur rouge signifiant une erreur.

Testez les différentes possibilités :

```
<p class="text-muted">Message muted</p>
<p class="text-primary">Message primary</p>
<p class="text-success">Message success</p>

<p class="text-info">Message info</p>
<p class="text-warning">Message warning</p>
<p class="text-danger">Message danger</p>
```

Afficher des zones d'alertes

Après les messages d'information, BootStrap 3 propose une série de messages d'alerte. Ces messages seront mis plus en évidence par rapport aux messages d'informations. En effet, en plus de la couleur du texte, un fond de couleur sera ajouté au message.

Vous avez quatre possibilités :

```
<p class="alert alert-
success">Message de succès</p>

<p class="alert alert-
info">Message d'alerte</p>

<p class="alert alert-
warning">Message de warning</p>

<p class="alert alert-danger">Message de
danger</p>
```

Message de succès

Message d'alerte

Message de warning

Message de danger

Notez également l'utilisation de la classe alert. Elle permet d'ajouter de l'espace autour du message, ainsi la couleur de fond prend plus de place et le message est d'autant plus visible.

AFFICHER DES MESSAGES D'ALERTE AVEC BOOTSTRAP 3

Afficher des zones d'alertes « complexes »

Vous pouvez aussi ajouter des zones de code HTML et Javascript pour afficher des alertes beaucoup plus évoluées. L'utilisateur aura par exemple un bouton pour fermer l'alerte une fois le message affiché.

Si vous voulez afficher une nouvelle fenêtre pour indiquer à l'utilisateur que son inscription sur votre site s'est bien passée, vous utiliserez BootStrap 3 ainsi :

```
<div class="alert alert-dismissable alert-success" id="msgAlert">

<!-- Croix pour masquer le message -->
<button type="button" class="close" data-dismiss="alert" aria-hidden="true">&times;</button>

<!-- Message -->
<p><strong>Félicitations !</strong><br/>
Votre inscription est validée avec succès !<br/>
<a href="http://www.programmation-facile.com">Visitez Développement Facile pour commencer</a></p>

<!-- Bouton pour masquer le message -->
<p><button id="BtnClose" type="button" class="btn btn-primary">Masquer ce message</button></p>
</div>
```

Et vous aurez dans votre page le code Javascript suivant :

```
<script>
{
/** Clic sur le bouton pour masquer le message. */
$("#BtnClose").click(function()
{
 $("#msgAlert").alert("close");
});
```

AFFICHER DES MESSAGES D'ALERTE AVEC BOOTSTRAP 3

Vous pouvez afficher vos messages dynamiquement et permettre à votre utilisateur de les cacher après lecture

Minis bulles d'informations

Vous pouvez aussi, comme sur un site web de type Gmail où le nombre de message non lus est mis en valeur dans une mini bulle.

BootStrap 3 vous propose la classe badge pour créer cet effet. Vous pouvez le faire sur un lien, sur une balise paragraphe, donc mettre sur un lien : message non lu. Le lien ça va renvoyer évidemment sur les messages non lu.

Exemple :

```
<p><a href="#">Messages non lus<span class="badge">13</span></a></p>
```

Avec cet exemple, vous créez une mini bulle avec le chiffre 13. Ce sera un lien cliquable qui va vous renvoyer vers les derniers messages non lus. Une mini bulle apparaît avec un texte blanc sur un fond gris très discret et mis en valeur.

AFFICHER DES MESSAGES D'ALERTE AVEC BOOTSTRAP 3

Les labels

Dans un blog, les articles sont classés en différentes catégories. Par exemple sur développement facile, les tutoriels sont classés en catégories PHP, CSS 3, Javascript, HTML 5, etc.

Vous pouvez mettre en valeur ces catégories automatiquement grâce à BootStrap 3. Il suffit d'utiliser la classe CSS label et sa valeur label-default. Vous aurez une couleur légèrement grisée. Avec label-primary, vous aurez une couleur bleu pâle. Avec label-success, c'est une couleur verte.

Vous avez remarqué, c'est toujours les mêmes mots-clés : default, primary, success, info, warning, danger.

C'est très, très, simple à retenir le fonctionnement de BootStrap.

Exemple :

```
<p>Les catégories :

<a href="#"><span class="label label-default">Catégorie 1</span></a>
<a href="#"><span class="label label-primary">Catégorie 2</span></a>
<a href="#"><span class="label label-success">Catégorie 3</span></a>

<a href="#"><span class="label label-info">Catégorie 4</span></a>
<a href="#"><span class="label label-warning">Catégorie 5</span></a>
<a href="#"><span class="label label-danger">Catégorie 6</span></a>

</p>
```

Les catégories : Catégorie 1 Catégorie 2 Catégorie 3 Catégorie 4 Catégorie 5 Catégorie 6

AFFICHER DES MESSAGES D'ALERTE AVEC BOOTSTRAP 3

Exemples de labels avec les classes de base de BootStrap 3

Sur l'exemple, vous retrouvez une balise span, avec un lien cliquable. Vu qu'il s'agit de catégories, le visiteur peut cliquer dessus. Le lien renvoie vers tous les articles de la catégorie. Très, très simple à utiliser également.

Résumé du chapitre

Il est donc facile avec BootStrap 3 d'afficher des messages à l'utilisateur, et ce en fonction du type de message.

De manière plus générale, BootStrap utilise un système définissant des styles qui peuvent s'appliquer sur différentes propriétés.

Commencez à les mémoriser, ils reviendront régulièrement : default, primary, success, info, warning, danger.

AFFICHER DES MESSAGES D'ALERTE AVEC BOOTSTRAP 3

Notes

AFFICHER DES MESSAGES D'ALERTE AVEC BOOTSTRAP 3

CHAPITRE 44.
Utiliser les icônes avec BootStrap 3

Une image vaut mieux qu'un long discours. Apprenez à utiliser les icônes avec le framework BootStrap 3. Découvrez comment les agrandir, les superposer ou encore ajouter une rotation.

En bonus des icônes présentes dans BootStrap 3, vous apprendrez également à utiliser la bibliothèque d'icônes Font Awesome.

L'avantage des icônes du framework BootStrap, c'est qu'elles sont créées en mode vectoriel. Vous pouvez zoomer autant de fois que vous le souhaitez sans perdre en qualité. Le vectoriel s'affiche beaucoup plus rapidement qu'une image. Ce type d'icônes présentent énormément d'avantages pour l'affichage de votre site Web.

Utiliser la bibliothèque Glyphicon

BootStrap 3 propose la bibliothèque d'icônes Glyphicon. C'est une bibliothèque très complète avec plusieurs icônes. Voici le lien pour découvrir toutes les icônes disponibles dans BootStrap 3. Iil y a à peu près 180 icônes. Plus les versions évoluent dans BootStrap, plus il y a d'icônes.

http://getbootstrap.com/components

UTILISER LES ICÔNES AVEC BOOTSTRAP 3

Pour utiliser une icône, il suffit d'ajouter la classe glyphicon avec le nom de l'icône tout simplement.

Exemple :

```
<h3><span class="glyphicon glyphicon-hand-right"></span>Les icônes BootStrap 3</h3>
```

☞ **Les icônes BootStrap 3**

Les icônes s'ajoutent simplement grâce à une classe BootStrap 3 et s'intègrent parfaitement à votre site

Sur l'exemple ci-dessus, vous utiliserez l'icône glyphicon-hand-right. Les icônes vont s'afficher de façon ergonomique. Leur taille et leur couleur vont s'ajuster en fonction de la page HTML et du DOM.

Les icônes Font Awesome

Il existe des extensions BootStrap pour ajouter des éléments supplémentaires. La bibliothèque Font Awesome 4 en fait partie. C'est une bibliothèque qui contient plus de 400 icônes développées spécialement pour le framework BootStrap par Dave Gandy.

Ce plugin ajoute plusieurs possibilités pour justement manipuler les icônes avec BootStrap 3. Pour le télécharger, rendez-vous sur :

http://fortawesome.github.io/Font-Awesome

Pour l'utiliser dans votre page, vous ajouterez une inclusion :

```
<link href="font-awesome-4.1.0/css/font-
```

UTILISER LES ICÔNES AVEC BOOTSTRAP 3

```
awesome.min.css" rel="stylesheet">
```

Font Awesome (fa- sera le préfixe des classes Font Awesome) utilise également une police de caractères vectorielle, vous pouvez agrandir la taille des icônes à l'infini tout en conservant la même qualité d'affichage.

Pour agrandir les icônes, des classes CSS sont disponibles :

fa-lg va grandir les icônes de 33 %.

fa-2x donnera une police 2 fois plus grande.

fa-3x 3 fois plus grande etc.

Jusqu'à fa-5x 5 fois plus grande.

Exemples :

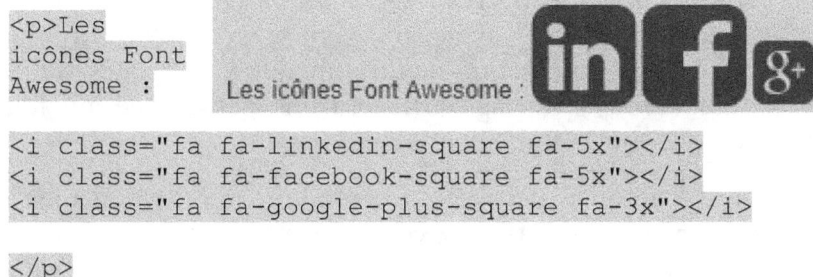

```
<p>Les
icônes Font
Awesome :
<i class="fa fa-linkedin-square fa-5x"></i>
<i class="fa fa-facebook-square fa-5x"></i>
<i class="fa fa-google-plus-square fa-3x"></i>
</p>
```

Vous pouvez également modifier les listes à puces sans manipuler le CSS grâce à Font Awesome et les classes fa-ul et fa-li.

Vous trouverez également fa-ur pour afficher le signe euro, fa-usd pour afficher le signe dollar, etc.

Font Awesome et les rotations

Font Awesome propose de réaliser des rotations sur les icônes vraiment très simplement. Utilisez la classe fa-rotate et le nombre de degrés.

UTILISER LES ICÔNES AVEC BOOTSTRAP 3

Exemples :

```
<p>Rotation
Statique :</p>

<i class="fa fa-paper-
plane-o fa-4x />
<i class="fa fa-paper-plane-o fa-4x fa-rotate-
90" />
<i class="fa fa-paper-plane-o fa-4x fa-rotate-180"
/>
<i class="fa fa-paper-plane-o fa-5x fa-rotate-300"
/>
```

Vous avez la classe fa-spin qui permet de créer un effet de rotation animée.

Pensez à vos appels Ajax (si vous ne savez pas ce que c'est, rendez-vous sur la catégorie Ajax Développement Facile (http://www.programmation-facile.com/ajax-creer-pages-web/) pour tout savoir) : la page affichera une petite roue qui tourne pour indiquer qu'un traitement est en cours.

Font Awesome permet de reproduire très simplement ce comportement. Vous affichez votre icône et avec fa-spin pour une rotation animée en continu.

Exemple :

```
<h3>Chargement en cours
    <i class="fa fa-spinner fa-spin fa-2x" />
</h3>
```

Font Awesome et la superposition

Pour superposer deux icônes l'une sur l'autre, utilisez la classe fa-stack et des icônes existantes de Font Awesome où créez vos propres icônes.

UTILISER LES ICÔNES AVEC BOOTSTRAP 3

Exemple :

```
<p>Superposition d'icônes :
<i class="fa fa-ban fa-2x text-danger" />
+
<i class="fa fa-pinterest fa-2x" />
=
<span class="fa-stack fa-2x">
<i class="fa fa-ban fa-stack-2x text-danger" />
<i class="fa fa-pinterest fa-stack-1x" />
</span>
</p>
```

Les icônes peuvent être superposées

Et voilà, dans un texte de danger text-danger, vous avez l'icône pinterest et l'icône ban l'une sur l'autre. L'icône pinterest est barrée pour signifier qu'il y a un danger.

Résumé du chapitre

Font-Awesome est la librairie d'icônes facile à utiliser avec BootStrap 3. Les images vectorielles peuvent s'adapter facilement à vos besoins. Leur manipulation est utilisée avec l'application d'une propriété CSS pour le redimensionnement, la rotation, etc.

UTILISER LES ICÔNES AVEC BOOTSTRAP 3

Notes

....
....
....
....
....
....
....
....
....
....
....
....
....
....
....
....

UTILISER LES ICÔNES AVEC BOOTSTRAP 3

CHAPITRE 45.
Ajouter des listes avec BootStrap 3

Apprenez à ajouter et personnalisez rapidement des listes avec le framework BootStrap 3. Et aussi, agrémentez vos listes avec des icônes et des couleurs très simplement, quel que soit le périphérique affichant la page.

Les listes

Vous connaissez sûrement les listes avec les balises ul et li. Par défaut, BootStrap apporte peu de nouveautés. Mais vous allez découvrir des classes CSS pour créer une mise en forme un peu plus 2.0, plus moderne.

Premier exemple :

```
<p>Liste en ligne :</p>

<ul class="list-inline">
 <li>Formation JavaScript</li>
 <li>Formation CSS3</li>
 <li>Formation HTML5</li>
</ul>
```

Avec la classe list-inline, plutôt que les éléments de votre liste soient les uns sous les autres, ils seront en lignes.

Vous avez également la possibilité de définir la mise en forme

AJOUTER DES LISTES AVEC BOOTSTRAP 3

des listes en combinant les balises dl, dt et dd. Ces balises servent, par exemple, pour afficher des définitions.

La première balise est l'équivalent de la balise ul, donc elle englobe les autres. La balise dt sera le titre de votre définition, ou l'élément que vous souhaitez définir. Et enfin la balise dd sera le contenu.

Exemple :

```
<p>Listes de définition :</p>

<dl>
 <dt>Définition 1</dt>
 <dd>Le Lorem Ipsum est simplement du faux texte employé dans la composition et la mise en page avant impression</dd>

 <dt>Définition 2</dt>
 <dd>Contrairement à une opinion répandue, le Lorem Ipsum n'est pas simplement du texte aléatoire. Il trouve ses racines dans une oeuvre de la littérature latine classique datant de 45 av. J.-C., le rendant vieux de 2000 ans.</dd>

 <dt>Définition 3</dt>
 <dd>Plusieurs variations de Lorem Ipsum peuvent être trouvées ici ou là, mais la majeure partie d'entre elles a été altérée par l'addition d'humour ou de mots aléatoires qui ne ressemblent pas une seconde à du texte standard. Si vous voulez utiliser un passage du Lorem Ipsum, vous devez être sûr qu'il n'y a rien d'embarrassant caché dans le texte.</dd>

</dl>
```

AJOUTER DES LISTES AVEC BOOTSTRAP 3

> **Définition 1**
> Le Lorem Ipsum est simplement du faux texte employé dans
> **Définition 2**
> Contrairement à une opinion répandue, le Lorem Ipsum n'es
> classique datant de 45 av. J.-C., le rendant vieux de 2000 a
> **Définition 3**
> Plusieurs variations de Lorem Ipsum peuvent être trouvées
> aléatoires qui ne ressemblent pas une seconde à du texte s
> d'embarrassant caché dans le texte.

Utilisation standard d'une liste pour des définitions

Vous pouvez modifier la mise en page facilement grâce aux classes définies par BootStrap. Ainsi, l'exemple ci-dessus affichera tous les éléments les uns en-dessous des autres alors que l'exemple suivant affichera votre liste sur deux colonnes, la première contenant les titres et la deuxième le contenu, simplement avec la classe dl-horizontal :

```
<dl class="dl-horizontal">
 <dt>Définition 1</dt>
 <dd>Le Lorem Ipsum est simplement du faux texte
employé dans la composition et la mise en page
avant impression</dd>

 <dt>Définition 2</dt>
 <dd>Contrairement à une opinion répandue, le
Lorem Ipsum n'est pas simplement du texte
aléatoire. Il trouve ses racines dans une oeuvre
de la littérature latine classique datant de 45
av. J.-C., le rendant vieux de 2000 ans.</dd>

 <dt>Définition 3</dt>
 <dd>Plusieurs variations de Lorem Ipsum peuvent
être trouvées ici ou là, mais la majeure partie
d'entre elles a été altérée par l'addition
d'humour ou de mots aléatoires qui ne ressemblent
pas une seconde à du texte standard. Si vous
```

AJOUTER DES LISTES AVEC BOOTSTRAP 3

```
voulez utiliser un passage du Lorem Ipsum, vous
devez être sûr qu'il n'y a rien d'embarrassant
caché dans le texte.</dd>

</dl>
```

Définition 1	Le Lorem Ipsum est simplement du faux texte employé c
Définition 2	Contrairement à une opinion répandue, le Lorem Ipsum une oeuvre de la littérature latine classique datant de 45
Définition 3	Plusieurs variations de Lorem Ipsum peuvent être trouvé l'addition d'humour ou de mots aléatoires qui ne resseml passage du Lorem Ipsum, vous devez être sûr qu'il n'y a

Utilisation des listes de définition avec dl-horizontal

Les listes avancées

Vous pouvez regrouper les éléments d'une liste grâce aux classes list-group pour la balise ul et list-group-item pour les balises li.

Exemple :

```
<div class="col-xs-12 col-sm-5 col-md-3">

 <ul class="list-group">
  <li class="list-group-item">Formation ActionScript</li>
  <li class="list-group-item">Formation PHP</li>
  <li class="list-group-item">Formation JavaScript</li>
  <li class="list-group-item">Formation HTML5</li>
 </ul>

</div>
```

Vous noterez sur cet exemple qu'il est défini une largeur pour

AJOUTER DES LISTES AVEC BOOTSTRAP 3

cette liste qui va dépendre du périphérique de l'utilisateur.

Vous pouvez aussi ajouter un titre à votre liste. Pour cela, vous trouverez la classe panel et ses dérivés comme vous avez appris vu pour les messages (rappelez-vous que le système de couleurs est identique pour toutes les balises BootStrap).

Vous aurez donc <u>panel-default</u>, <u>panel-primary</u>, <u>panel-success</u>, <u>panel-info</u>, <u>panel-warning</u> et <u>panel-danger</u> pour afficher le titre standard que vous souhaitez. Cet élément sera le conteneur de votre liste.

Ensuite, vous aurez une balise div pour afficher votre titre avec la classe <u>panel-heading</u>. Puis vous trouverez votre liste, comme vu précédemment. Le titre s'ajoute après la création de votre liste. Voila, ce n'est pas plus compliqué que cela.

<u>Exemple :</u>

```
<div class="panel panel-danger">
 <div class="panel-heading"><strong>Liste des formations</strong></div>

 <ul class="list-group">
  <li class="list-group-item">Formation ActionScript<span class="badge">Places restantes : 2</span></li>
  <li class="list-group-item">Formation PHP<span class="badge">Places restantes : 0</span></li>

  <li class="list-group-item">Formation JavaScript<span class="badge">Places restantes : 1</span></li>
  <li class="list-group-item">Formation HTML5<span class="badge">Places restantes : 5</span></li>
 </ul>

</div>
```

AJOUTER DES LISTES AVEC BOOTSTRAP 3

Liste des formations	
Formation ActionScript	Places restantes : 2
Formation PHP	Places restantes : 0
Formation JavaScript	Places restantes : 1
Formation HTML5	Places restantes : 5

```
Exemple de liste complexe avec titre
```

Résumé du chapitre

Les listes peuvent être facilement ajoutées sur votre page Web grâce à BootStrap 3. Elles peuvent également prendre l'apparence que vous souhaitez. De plus, elles s'intègrent rapidement sur votre site web existant car les classes BootStrap 3 s'appliquent sur les balises standard HTML ul, ol et li.

AJOUTER DES LISTES AVEC BOOTSTRAP 3

Notes

AJOUTER DES LISTES AVEC BOOTSTRAP 3

CHAPITRE 46.
Créer des listes magnifiques avec BootStrap 3

———————— ♦ ————————

Dans le chapitre précédent, vous avez découvert les listes et comment les utiliser avec le framework BootStrap 3. Il y a énormément de possibilités. C'est ce que vous allez apprendre dans ce chapitre avec des exemples supplémentaires d'utilisation et de personnalisation des listes.

Les listes avec contenu HTML complexe

Vous pouvez insérer dans les listes du contenu HTML beaucoup plus complexe et reproduire la mise en forme qu'il y a dans les blocs.

Vous avez la classe list-group-item-heading qui va permettre d'ajouter un titre. Vous créez une balise div, vous mettez cette classe list-group-item-heading. Cela va créer le titre de votre liste. Il s'agit d'un autre format que celui vu dans le chapitre précédent, cette fois-ci, le titre est inclus dans l'item d'une liste.

Exemple :

```
<div class="panel panel-success">
<div class="list-group">
<div href="#" class="list-group-item"><h4 class="list-group-item-heading">Formation
```

CRÉER DES LISTES MAGNIFIQUES AVEC BOOTSTRAP 3

```
ActionScript</h4>
<p class="list-group-item-text">Item 1.</p>
</div>

<!-- list-group-item-heading correspond au titre
-->

<a href="#" class="list-group-item"><h4
class="list-group-item-heading">Formation PHP</h4>

<p class="list-group-item-text">Le Lorem Ipsum est
simplement du faux texte employé dans la
composition et la mise en page avant impression.
Le Lorem Ipsum est le faux texte standard de
l'imprimerie depuis les années 1500, quand un
peintre anonyme assembla ensemble des morceaux de
texte pour réaliser un livre spécimen de polices
de texte.</p></a>

<a href="#" class="list-group-item"><h4
class="list-group-item-heading">Formation
JavaScript</h4>

<p class="list-group-item-text">Le Lorem Ipsum est
simplement du faux texte employé dans la
composition et la mise en page avant impression.
Le Lorem Ipsum est le faux texte standard de
l'imprimerie depuis les années 1500, quand un
peintre anonyme assembla ensemble des morceaux de
texte pour réaliser un livre spécimen de polices
de texte.</p></a>

<a href="#" class="list-group-item"><h4
class="list-group-item-heading">Formation
HTML5</h4>

<p class="list-group-item-text">Le Lorem Ipsum est
simplement du faux texte employé dans la
composition et la mise en page avant impression.
Le Lorem Ipsum est le faux texte standard de
l'imprimerie depuis les années 1500, quand un
peintre anonyme assembla ensemble des morceaux de
```

CRÉER DES LISTES MAGNIFIQUES AVEC BOOTSTRAP 3

```
texte pour réaliser un livre spécimen de polices
de texte.</p></a>

</div>

</div>
```

Formation ActionScript
Le Lorem Ipsum est simplement du faux texte employé dans la composition et la mise en page avant impression. Le Lorem Ipsum est le faux texte standard de l'imprimerie depuis les années 1500, quand un peintre anonyme assembla ensemble des morceaux de texte pour réaliser un livre spécimen de polices de texte.

Formation PHP
Le Lorem Ipsum est simplement du faux texte employé dans la composition et la mise en page avant impression. Le Lorem Ipsum est le faux texte standard de l'imprimerie depuis les années 1500, quand un peintre anonyme assembla ensemble des morceaux de texte pour réaliser un livre spécimen de polices de texte.

Formation JavaScript
Le Lorem Ipsum est simplement du faux texte employé dans la composition et la mise en page avant impression. Le Lorem Ipsum est le faux texte standard de l'imprimerie depuis les années 1500, quand un peintre anonyme assembla ensemble des morceaux de texte pour réaliser un livre spécimen de polices de texte.

Formation HTML5
Le Lorem Ipsum est simplement du faux texte employé dans la composition et la mise en page avant impression. Le Lorem Ipsum est le faux texte standard de l'imprimerie depuis les années 1500, quand un peintre anonyme assembla ensemble des morceaux de texte pour réaliser un livre spécimen de polices de texte.

Liste complexe avec contenu HTML. La zone foncée est en surbrillance car c'est un lien et que la souris est au-dessus

Les listes avec media-object

Les médias objects permettent de créer des listes avec la possibilité d'inclure tout type d'éléments. Vous pouvez inclure des vidéos, des fichiers audio, des images... Utilisez la classe média justement pour créer un média object.

Exemple avec utilisation d'une image :

```
<div class="media">
<a class="pull-left"
```

CRÉER DES LISTES MAGNIFIQUES AVEC BOOTSTRAP 3

```
href="http://www.programmation-facile.com/">
<img class="media-object" src="08-logo.png"
alt="Dev Facile">
</a>

<div class="media-body">

<h4 class="media-heading">Les Tutoriels
Développement Facile</h4>

<p>Le Lorem Ipsum est simplement du faux texte
employé dans la composition et la mise en page
avant impression. Le Lorem Ipsum est le faux texte
standard de l'imprimerie depuis les années 1500,
quand un peintre anonyme assembla ensemble des
morceaux de texte pour réaliser un livre spécimen
de polices de texte.</p>

</div>

</div>
```

Liste avec media-object

Résumé du chapitre

Vous avez maintenant fait le tour des listes. Vous avez de quoi faire pour créer des listes plus ou moins complexes avec du contenu HTML, des images, des vidéos, des fichiers audio... Bref, tout ce qui est nécessaire pour créer un site Internet Web 2.0 !

CRÉER DES LISTES MAGNIFIQUES AVEC BOOTSTRAP 3

Notes

....
....
....
....
....
....
....
....
....
....
....
....
....
....
....
....
....

CHAPITRE 47.
Créer des boutons avec BootStrap 3

Dans ce nouveau chapitre, vous allez apprendre à créer des boutons avec le framework BootStrap 3.

Les boutons

Utilisez la classe btn et en complément vous avez la classe btn-default. C'est la classe par défaut que vous pouvez modifier directement en CSS pour créer des boutons à l'image de votre site internet.

Exemple :

```
<p><a class="btn btn-default" href="#">Bouton href</a></p>
```

Vous avez la possibilité de désactiver très simplement, avec BootStrap 3, un bouton. Il suffit d'utiliser l'attribut disable. Ou une deuxième possibilité est de le déclarer dans l'attribut disabled standard.

Exemples :

```
<p><button class="btn btn-default disabled" type="submit">Button disabled</button></p>
```

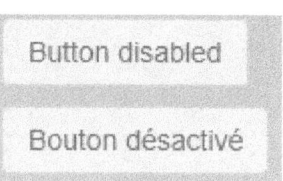

CRÉER DES BOUTONS AVEC BOOTSTRAP 3

```
<p><button class="btn btn-default"
disabled="disabled" type="submit">Bouton
désactivé</button></p>
```

La taille des boutons

Vous pouvez également créer des boutons de tailles différentes. Avec la classe btn-lg c'est un bouton de grande taille, btn-sm petit bouton, btn-xs un très petit bouton. Adaptez vos boutons en fonctions des différents périphériques.

Exemple :

```
<p>

<button type="button" class="btn btn-default btn-lg">Large bouton</button>

<button type="button" class="btn btn-default">Bouton normal</button>

<button type="button" class="btn btn-default btn-sm">Small bouton</button>

<button type="button" class="btn btn-default btn-xs">Extra small bouton</button>

</p>
```

| Large bouton | Bouton normal | Small bouton | Extra small bouton |

Exemples de boutons dont la taille est définie par les attributs standard BootStrap 3

CRÉER DES BOUTONS AVEC BOOTSTRAP 3

Les menus à partir de boutons

Vous pouvez créer des menus à partir des boutons. Dans une div, vous mettez les boutons les uns à côté des autres avec un lien ou une action, en fonction de vos besoins. Soit vous faites une action, vous récupérer l'action avec JavaScript et jQuery ou alors vous utilisez un lien que vous transformez en bouton.

Exemple :

```
<div class="btn-group">

<button type="button" class="btn btn-default">Module 1</button>

<button type="button" class="btn btn-default">Module 2</button>

<button type="button" class="btn btn-default">Module 3</button>

<button type="button" class="btn btn-default">Module 4</button>

</div>
```

Avec la classe btn-group-vertical, au lieu d'avoir un menu horizontal, vous aurez un menu vertical, composé uniquement de boutons.

Exemple :

```
<div class="btn-group-vertical">

<button type="button" class="btn btn-default">Module 1</button>

<button type="button" class="btn btn-default">Module 2</button>

<button type="button" class="btn btn-
```

CRÉER DES BOUTONS AVEC BOOTSTRAP 3

```
default">Module 3</button>

<button type="button" class="btn btn-
default">Module 4</button>

</div>
```

A droite, une série horizontale de boutons ; à gauche, la même série à la verticale

Avec seulement 3 lignes de code à chaque fois et une classe CSS, votre bouton est créé.

L'avantage de BootStrap 3, c'est qu'il fonctionne uniquement avec des classe CSS et les balises HTML 5 que vous connaissez déjà.

Résumé du chapitre

De base, BootStrap 3 vous propose des boutons egronomiques. Ils peuvent s'adapter aux différents périphériques de vos utilisateurs et évoluer rapidement.

CRÉER DES BOUTONS AVEC BOOTSTRAP 3

Notes

CRÉER DES BOUTONS AVEC BOOTSTRAP 3

CHAPITRE 48.
Créer des menus avec les boutons BootStrap 3

Vous avez appris comment créer des boutons très simplement avec BootStrap 3, maintenant vous allez découvrir encore plus d'options sur les boutons du framework BootStrap 3.

Apprenez à faire des menus déroulants, à personnaliser vos boutons et les mettre à jour pendant un chargement JavaScript.

Les menus déroulants

Vous pouvez créer un bouton dans un menu, en les groupant et en utilisant l'effet toggle. C'est-à-dire que lorsque vous cliquez sur un item, cette action active le bouton puis lorsque vous cliquez sur un autre bouton du groupe, cette autre action désactive l'effet du premier. C'est très utile pour afficher des sous-menus : l'utilisateur peut ainsi parcourir les sous-menus sans surcharger l'écran.

Pour un effet toggle, utilisez les classes dropdown-toggle et btn-group, comme sur l'exemple ci-dessous :

```
<div class="btn-group">
<button type="button" class="btn btn-default dropdown-toggle" data-toggle="dropdown">Fichier <span class="caret"></span></button>
```

CRÉER DES MENUS AVEC LES BOUTONS BOOTSTRAP 3

```
<ul class="dropdown-menu" role="menu">
<li><a href="#">Ouvrir</a></li>
<li><a href="#">Enregistrer</a></li>

<li><a href="#">Enregistrer sous...</a></li>
<li class="divider"></li>
<li><a href="#"><span class="glyphicon glyphicon-cog" />Eteindre</a></li>
</ul>

</div>
```

La classe <u>caret</u> dans le span sert à afficher une petite flèche vers le bas pour indiquer à l'utilisateur que le clic sur le bouton affichera d'autres options.

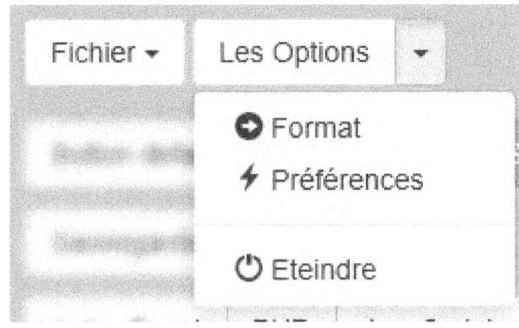

Faites de beaux menus avec BootStrap 3

Vous pouvez modifier la couleur du fond du bouton en fonction de son importance. Vous les connaissez par cœur maintenant : btn-defaut, btn-primary, btn-sucess, btn-info, btn-warning, btn-danger.

Vous avez également btn-link pour que le bouton ressemble à un lien hypertexte. Sinon tous les autres attributs modifient la couleur de fond.

CRÉER DES MENUS AVEC LES BOUTONS BOOTSTRAP 3

Exemple :

```
<p>

<button type="button" class="btn btn-default">Button default</button>

<button type="button" class="btn btn-primary">Regarde ici !</button>

<button type="button" class="btn btn-success">Success</button>

<button type="button" class="btn btn-info">Info</button>

<button type="button" class="btn btn-warning">Warning</button>

<button type="button" class="btn btn-danger">Attention</button>

<button type="button" class="btn btn-link">Un lien</button>

</p>
```

| Button default | Regarde ici ! | Success | Info | Warning | Attention |

Vos boutons peuvent aussi prendre des couleurs suivant la fonction que vous voulez leur donner

Les boutons personnalisés

Vous pouvez aussi créer des boutons en accord avec votre charte graphique en modifiant tout simplement la classe CSS btn-

CRÉER DES MENUS AVEC LES BOUTONS BOOTSTRAP 3

default. Vous pouvez modifier la couleur de fond du bouton, sa taille, tout ce dont vous avez besoin pour accorder le design de votre bouton à la charte graphique de votre site Web.

Vous pouvez aussi utiliser la classe btn-perso si vous préférez indiquer que vous surchargez les réglages par défaut de BootStrap.

Exemple :

```
<button type="button" class="btn btn-perso">Un bouton personnalisé</button>
```

Et vous aurez préalablement défini votre style CSS avec par exemple :

```
.btn-perso:hover,
.btn-perso:focus,
.btn-perso:active,
.btn-perso.active,
.open .dropdown-toggle.btn-perso
{
  color: #0101DF;
  background-image: none;
  background-color: #DF01D7;
}
```

Au survol, notre bouton personnalisé s'affiche en rose

Les options des boutons

Vous pouvez utiliser l'effet de commutation sur vos boutons. L'effet de commutation est utilisé pour indiquer qu'une option est actuellement active par exemple. C'est comme si le bouton restait

CRÉER DES MENUS AVEC LES BOUTONS BOOTSTRAP 3

enfoncé. Et quand le visiteur clique à nouveau dessus, le bouton est désactivé.

Tout se réalise avec BootStrap 3 et l'attribut data-toggle="button".

Exemple :

```
<button type="button" id="bouton-exemple" data-toggle="button" class="btn btn-default">Activer la sauvegarde automatique</button>
```

Les cases à cocher et les boutons radio sont gérés avec cette technique dans BootStrap. Vous pouvze utiliser cette technique pour que l'utilisateur choisisse une option parmi un groupe de valeurs.

La sélection de l'utilisateur restera toujours visible.

Dans ce cas, il faut bien créer le groupe de boutons pour qu'une seule option ne puisse être saisie par l'utilisateur. Et s'il en sélectionne une autre, l'ancien choix est désactivé automatiquement.

Exemple de boutons radio :

```
<div class="btn-group" data-toggle="buttons">

 <label class="btn btn-default">
  <input type="radio" name="options" id="option1" />ActionScript
 </label>

 <label class="btn btn-default">
  <input type="radio" name="options" id="option2" />PHP
 </label>

 <label class="btn btn-default">
  <input type="radio" name="options" id="option3" />JavaScript
```

CRÉER DES MENUS AVEC LES BOUTONS BOOTSTRAP 3

```html
 </label>

<label class="btn btn-default">
<input type="radio" name="options"
id="option3" />HTML5
 </label>
</div>
```

Exemple de cases à cocher :

```html
<div class="btn-group" data-toggle="buttons">

<label class="btn btn-default">
<input type="checkbox" name="options"
id="option1" />ActionScript
 </label>

<label class="btn btn-default">
<input type="checkbox" name="options"
id="option2" />PHP
 </label>

<label class="btn btn-default">
<input type="checkbox" name="options"
id="option3" />JavaScript
 </label>

<label class="btn btn-default">
<input type="checkbox" name="options"
id="option3" />HTML5
 </label>

</div>
```

Les boutons de l'API JavaScript

Vous avez l'option loading avec l'attribut data-loading-text dans la balise bouton. C'est-à-dire que lorsqu'une fonction est chargée, le bouton se désactive. Vous pouvez modifier le texte du

CRÉER DES MENUS AVEC LES BOUTONS BOOTSTRAP 3

bouton grâce à la valeur data-loading-text.

Par exemple, lors du chargement Ajax, vous avez un bouton "Charger le contenu". Vous cliquez dessus, le bouton se désactive et son intituél devient "Chargement en cours". Ensuite, est affiché votre contenu via Ajax.

Exemple :

```
<button id="BtnAjax" class="btn btn-primary" data-loading-text="Chargement en cours..." data-complete-text="Chargement terminé">Lancez l'appel !</button>
```

Vous obtenez le script suivant :

```
<script type="text/javascript">
$(document).ready(function()
{
 /** Clic sur le bouton */
 $("#BtnAjax").click( function(){
  $("#BtnAjax").button("loading"); // modifie le label du bouton lors de l'appel à la fonction
  $("#BtnAjax").button("complete"); // modifie le label du bouton lorsque tout le traitement est fini
 });
});
</script>
```

C'est avec jQuery que le texte est modifié puis désactivé. Une fois l'appel Ajax terminé, la fonction button('complete') affiche le texte du bouton avec l'attribut data-complete-text. Vous avez l'attribut data-loading-text pour le chargement en cours et data-complete-text pour le chargement terminé.

Pour tester, vous pouvez commenter l'action "complete" afin d'apercevoir rapidement que le message d'attente est bien affiché. L'exemple étant très court et ne prenant pas de ressource, vous verrez quasiment que le message de fin de traitement.

CRÉER DES MENUS AVEC LES BOUTONS BOOTSTRAP 3

Résumé du chapitre

Agrémentez votre site d'un menu bien pensé avec BootStrap. Les boutons s'ajoutent alors facilement et vous pouvez même créer des menus déroulants pour concentrer certaines fonctionnalités.

Les boutons BootStrap 3 sont également personnalisables à souhait, comme toutes les classes du framework, il suffit juste de savoir quelles classes modifier.

CRÉER DES MENUS AVEC LES BOUTONS BOOTSTRAP 3

Notes

....
....
....
....
....
....
....
....
....
....
....
....
....
....
....
....

CRÉER DES MENUS AVEC LES BOUTONS BOOTSTRAP 3

CHAPITRE 49.
Créer des formulaires avec BootStrap 3

Apprenez à créer des formulaires avec le framework BootStrap 3. Paramétrez la taille, la hauteur et l'orientation horizontale ou verticale de vos formulaires.

Les formulaires

Vous avez deux types de formulaires, les formulaires horizontaux et les formulaires verticaux. Sur un formulaire horizontal, tous les champs sont sur la même ligne. En règle générale, des formulaires verticaux, avec les champs les uns à la suite des autres sont affichés sur les sites web mobiles.

Avec BootStrap 3, il suffit d'utiliser la classe form-inline avec la balise form pour créer votre formulaire horizontal. Et pour créer un formulaire vertical, il suffit d'utiliser la classe form-vertical.

Exemple de formulaire horizontal :

```
<form role="form" class="form-inline">
 <fieldset>
 <legend>Recevez la formation Dev Facile :</legend>

 <div class="form-group">
 <label class="sr-only" for="InputTxt1">Votre
```

CRÉER DES FORMULAIRES AVEC BOOTSTRAP 3

```
prénom</label>
  <input type="text" class="form-control"
id="InputTxt" placeholder="Votre prénom...">
</div>

<div class="form-group">
  <label class="sr-only" for="InputEmail11">Votre
meilleure Adresse email</label>
  <input type="email" class="form-control"
id="InputEmail1" placeholder="Votre email...">
</div>

  <button type="submit" class="btn btn-
primary">Recevoir !</button>

</fieldset>
</form>
```

Pour un formulaire vertical, changez juste class="form-inline" en class="form-vertical".

Le même formulaire passe de l'horizontale à la verticale en un changement de classe

CRÉER DES FORMULAIRES AVEC BOOTSTRAP 3

Taille des éléments des formulaires

BootStrap 3 permet de générer tous les éléments des formulaires pour qu'ils soient compatibles sur la majorité des navigateurs et également sur les périphériques de bureau et les périphériques mobiles.

Avec toujours ce concept de grille, vous savez maintenant que c'est la base essentielle à maîtriser avec le framework BootStrap 3. Vous allez définir la taille de vos formulaires.

Vous avez une div avec l'attribut row, puis une div avec l'attribut col-xs-12... vous connaissez. Pour un smartphone, l'écran étant petit, vous utiliserez toute la grille, soit 12 colonnes. Pour une tablette, seulement la moitié, donc 6 colonnes. Et pour un ordinateur de bureau, vous ne prendrez que 4 colonnes comme sur l'exemple suivant :

```
<div class="col-xs-12 col-sm-6 col-md-4">
  <input type="text" class="form-control input-sm"
  id="InputTxt1" placeholder="Votre ville..." />
</div>
```

Hauteur des éléments des formulaires

Vous pouvez créer des éléments de formulaire plus ou moins grands en utilisant des classes input-lg pour une hauteur de 45 pixels, input-sm pour une hauteur de 30 pixels et par défaut c'est une hauteur de 34 pixels.

Exemple :

```
<input type="text" class="form-control input-lg"
id="InputTxt" placeholder="Votre prénom...">
```

CRÉER DES FORMULAIRES AVEC BOOTSTRAP 3

Vous pouvez bien évidemment activer/désactiver un ou plusieurs éléments d'un formulaire comme pour les boutons. Il suffit d'utiliser l'attribut disabled.

Pour désactiver un groupe d'éléments d'un formulaire, vous utiliserez l'attribut disabled au niveau du fieldset. Vous mettez soit l'attribut disable au niveau du champ input de l'élément, soit au niveau du fieldset qui regroupe plusieurs éléments et tout sera désactivé d'un seul coup.

Exemple pour un champ uniquement :

```
<input type="text" class="form-control input-sm" id="InputTxt1" placeholder="Votre ville..." disabled>
```

Exemple pour tout un formulaire :

```
<form role="form" class="form-vertical">
<fieldset disabled>
...
</fieldset>
</form>
```

Résumé du chapitre

Après avoir vu comment ajouter des boutons, ce chapitre vous a montré comment créer vos premiers formulaires avec BootStrap 3. Vous avez alors pu apprendre qu'ils sont encore basés sur les balises HTML auxquelles s'appliquent une classe BootStrap pour modifier leur ergonomie, rien de plus.

CRÉER DES FORMULAIRES AVEC BOOTSTRAP 3

Notes

....
....
....
....
....
....
....
....
....
....
....
....
....
....
....
....
....

CHAPITRE 50.
Les options des formulaires HTML5 avec BootStrap 3

─────── ♦ ───────

Découvrez la suite du chapitre précédent sur les formulaires avec le framework BootStrap 3. Apprenez à utiliser quelques unes des meilleures options paramétrables de BootStrap 3, directement sur les formulaires.

Les formulaires

BootStrap 3 supporte énormément d'éléments HTML 5. Vous trouverez différents types de champs : email, text, password, datetime, date, url, search, color, etc. Vous pouvez bien évidemment les utiliser pour créer vos champs de formulaire avec BootStrap 3.

Exemple :

```
<input type="password" class="form-control" id="inputPwd" placeholder="Mot de passe" />
```

Pour les champs textarea, BootStrap 3 permet de créer des formulaires alignés, et adaptés en fonction de la largeur du périphérique. Vous devez toujours ajouter les div et les classes row et col-xs, xd, ld, pour définir le nombre de colonnes que vous allez utiliser sur les 12 colonnes de votre grille.

LES OPTIONS DES FORMULAIRES HTML5 AVEC BOOTSTRAP 3

Vous pouvez afficher des cases à cocher, des boutons radios, avec les feuilles de style moderne de BootStrap 3.

Vous obtenez donne un rendu plutôt sympa.

L'utilisation des classes chexkbox-inline et radio-inline permet d'afficher tous les éléments sur la même ligne ou alors les uns en-dessous des autres.

Exemple de case à cocher :

```
<div class="checkbox-inline">
 <label>
 <input type="checkbox" name="checkbox" id="checkbox" value="" />Formation JavaScript
 </label>
</div>
```

Exemple de bouton radio :

```
<div class="radio">
 <label>
 <input type="radio" name="radioList" id="js" value="js" checked />Formation JavaScript (par défaut)
 </label>
</div>
```

Vous avez également les listes déroulantes. Vous pouvez créer des listes déroulantes avec la classe form-control.

Exemple de liste déroulante :

```
<div class="form-group">
 <label for="selectList">Choisissez votre formation :</label>

 <div class="row">

 <div class="col-sm-10">
 <select name="selectList" id="listeFormation"
```

LES OPTIONS DES FORMULAIRES HTML5 AVEC BOOTSTRAP 3

```html
class="form-control">
<option value="1">JavaScript</option>
<option value="2">PHP</option>
<option value="3">HTML5</option>
<option value="4">CSS3</option>
<option value="5">MySQL</option>
</select>
</div>

</div>
</div>
```

Vous pouvez créer un champ de recherche comme Google. Votre champ de recherche, le bouton juste à côté avec la classe input-group-btn et vous pouvez grouper plusieurs éléments d'un formulaire pour inclure du texte, un bouton, une case à cocher.

Exemple de champ de recherche :

```html
<div class="input-group">
 <input type="text" class="form-control" placeholder="Rechercher..." />
 <span class="input-group-btn">
 <button class="btn btn-info">C'est parti !</button>
 </span>
</div>
```

Exemple de champs combinés :

```html
<div class="input-group">
 <span class="input-group-addon">
 <input type="checkbox" value="" />
 </span>
 <input type="text" class="form-control" placeholder="Choisir la formation JavaScript" />
</div>
```

LES OPTIONS DES FORMULAIRES HTML5 AVEC BOOTSTRAP 3

Les formulaires - Les options

Vous pouvez rendre un champ obligatoire avec l'attribut required.

Exemple :

```
<input type="text" class="form-control" id="iInputid1" required placeholder="Votre identifiant" />
```

S'il n'est pas renseigné lors de la soumission du formulaire, le champ sera encadré et un message "Champ requis" sera affiché (le message dépend du navigateur).

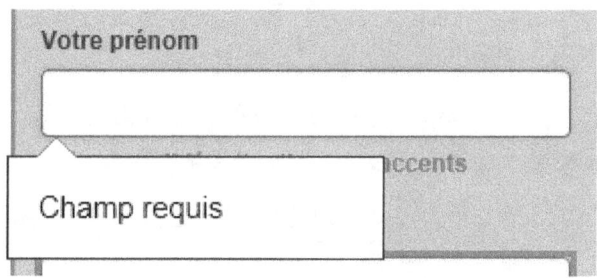

A la soumission, un champ requis doit obligatoirement être renseigné

Imaginons maintenant que vous ayez un champ mot de passe sur votre formulaire d'inscription. Vous allez vouloir vérifier qu'il respecte quelques règles de sécurité. Pour cela, vous pourrez par exemple utiliser le code suivant :

```
<div class="form-group" id="verif-pwd1">
<label for="inputPwd">Votre Mot de passe</label>

<input type="password" class="form-control" id="inputPwd" placeholder="Mot de passe" />
<span class="help-block" id="valid-pwd">Voitre mot
```

LES OPTIONS DES FORMULAIRES HTML5 AVEC BOOTSTRAP 3

de passe doit comporter 8 caractères minimum.</span>

</div>

Et l'associer avec le code Javascript suivant :

```
<script>
$(document).ready(function()
{
 /**
 * Vérification de la validité d'un mot de passe saisi par l'utilisateur.
 * Activé lorsque l'utilisateur saisit des lettres dans le champ mot de passe
 */
 $("#inputPwd").keyup(function()
 {
 inputValue = $("#inputPwd").val();
 longueurStr = inputValue.length;

 // en fonction du nombre de caractères saisis
 if(longueurStr < 8)
 {
 $("#verif-pwd1").removeClass().addClass("form-group has-error");// supprime une classe CSS
 $("#valid-pwd").html("<strong>Votre mot de passe doit comporter un minium de 8 caractères.</strong>");
 }

 if(longueurStr >= 8 && longueurStr < 10)
 {
 $("#verif-pwd1").removeClass().addClass ("form-group has-warning");// supprime et ajoute une classe CSS
 $("#valid-pwd").html("<strong>Mot de passe avec une Sécurité moyenne</strong>");
 }
```

LES OPTIONS DES FORMULAIRES HTML5 AVEC BOOTSTRAP 3

```
if(longueurStr >= 10)
{
$("#verif-pwd1").removeClass().addClass("form-
group has-success");// supprime et ajoute une
classe CSS
$("#valid-pwd").html("<strong>Mot de passe avec
une Sécurité forte</strong>");
}
});
});
</script>
```

Le code Javascript permet d'afficher un message relatif à ce que l'utilisateur est en train de saisir dans le champ Mot de passe. S'il y a moins de 8 caractères, un message d'erreur s'affichera pour lui dire d'ajouter encore des caractères.

S'il y en a entre 8 et 10, alors il y aura un message d'information (has-warning, en orange) pour lui dire que la sécurité du mot de passe est suffisante mais pas optimale.

Enfin, un message vert (has-success) s'affichera lorsqu'il y aura plus de 10 caractères dans le champ Mot de passe.

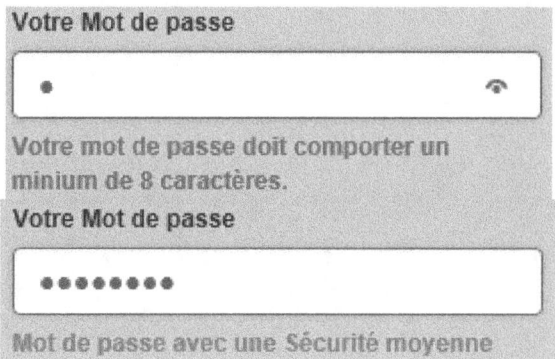

LES OPTIONS DES FORMULAIRES HTML5 AVEC BOOTSTRAP 3

Le texte guidant l'utilisateur est mis à jour au fur et à mesure qu'il tape son mot de passe. La couleur du texte et autour du champ lui indique la gravité de l'information

Résumé du chapitre

BootStrap 3 propose énormément d'autres possibilités. En deux chapitres, vous avez appris l'essentiel, ce que vous allez retrouver dans 90 % des cas sur les sites Internet.

LES OPTIONS DES FORMULAIRES HTML5 AVEC BOOTSTRAP 3

Notes

LES OPTIONS DES FORMULAIRES HTML5 AVEC BOOTSTRAP 3

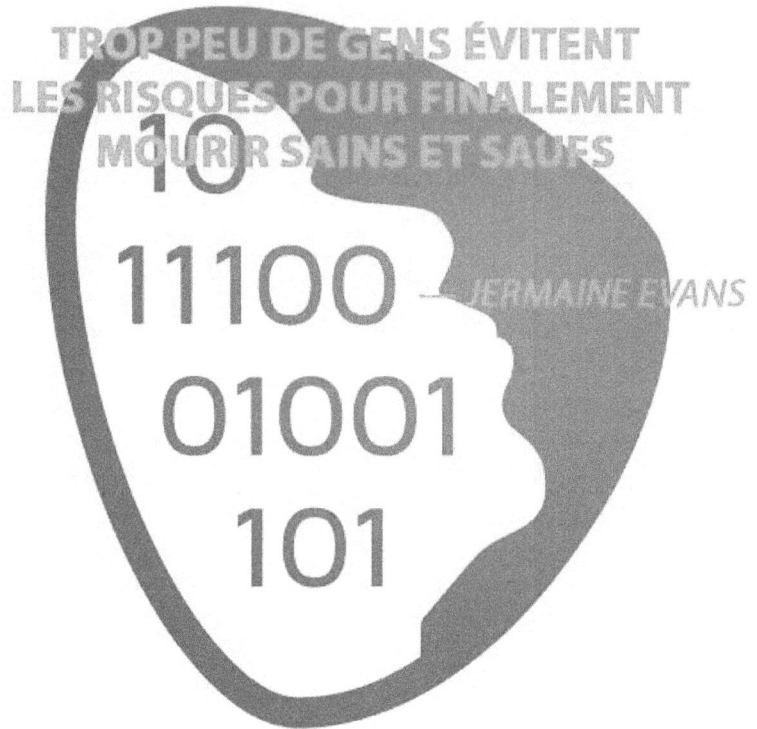

TROP PEU DE GENS ÉVITENT LES RISQUES POUR FINALEMENT MOURIR SAINS ET SAUFS

— JERMAINE EVANS

CHAPITRE 51.
Créer des menus de navigation avec BootStrap 3

Apprenez à créer de magnifiques menus de navigation avec le framework BootStrap 3. Vos menus s'adapteront au périphérique de l'utilisateur. Et qu'ils soient classiques ou déroulants, vous pourrez entièrement les personnaliser. Vous pourrez également les fixer au navigateur pour qu'ils restent toujours visibles pour l'utilisateur.

Les menus de navigation

BootStrap 3 permet de créer des menus qui s'adaptent automatiquement en fonction de la largeur du périphérique de l'utilisateur.

Pour créer un menu, utilisez la balise HTML 5 nav qui est dédiée au menu de navigation. Ensuite, vous avez les classes navbar, navbar-header pour l'en-tête avec BootStrap.

Pour la mise en forme, vous avez le choix entre deux sous-classes navbar-default avec un arrière-plan gris et un texte en gris foncé ou navbar-inverse avec un arrière-plan noir et le texte en gris.

CRÉER DES MENUS DE NAVIGATION AVEC BOOTSTRAP 3

Exemple :

```
<nav class="navbar navbar-inverse" role="navigation">
...
</nav>
```

Vous pouvez utiliser des classes CSS pour personnaliser et adapter la couleur et d'autres options du menu en fonction de votre site Internet.

Vous pouvez spécifier un logo, qui permet, en général, pour revenir sur la page d'accueil de votre site.

Exemple :

```
<div class="navbar-header">
 <a class="navbar-brand" href="#">Développement Facile</a>
</div>
```

Par défaut, le menu est défini avec un positionnement relatif. Avec BootStrap 3, vous avez la possibilité de fixer le menu tout en haut de l'écran. Lorsque l'utilisateur se déplace sur la page, il verra toujours le menu, c'est plus pratique pour lui. Pour cela, vous utiliserez la classe navbar-fixed-top pour le fixer en haut, ou navbar-fixed-bottom pour le fixer en bas.

Exemple :

```
<nav class="navbar navbar-inverse navbar-fixed-top" role="navigation">
```

Vous avez la classe pull-right. Si vous l'appliquez à la balise ul, cela permet de décaler les éléments du menu vers la droite. Vous avez aussi du coup pull-left pour décaler les éléments sur la gauche du menu.

CRÉER DES MENUS DE NAVIGATION AVEC BOOTSTRAP 3

Exemple :

```
<ul class="nav navbar-nav pull-left">
 <li class="active"><a href="#">Tutoriels</a></li>
 <li><a href="#">Nos Formations</a></li>
 <li><a href="#">Vos Questions</a></li>
 <li><a href="#">Nous contacter</a></li>
</ul>
```

Notez l'utilisation de la classe active. Elle permet de mettre en valeur un élément de la liste, en l'occurrence l'élément du menu en cours de visualisation (vous le changerez dès que l'utilisateur passera à un autre élément du menu).

Vous avez la classe navbar-btn complétée avec une balise bouton. Elle va vous permettre d'afficher un bouton dans votre menu de navigation. Souvent dans le menu de navigation, en haut, il y a le bouton "Se connecter" ou un champ de recherche, bref une action qui peut servir à tout moment à l'utilisateur.

Le bouton doit être dans un formulaire pour que l'action soit soumise et qu'une action ait lieu. Le formulaire se verra appliquer la classe navbar-form pour préciser que le formulaire est intégré au menu.

Exemple :

```
<form class="navbar-form navbar-right" role="search">
 <div class="form-group">
 <input type="text" class="form-control" placeholder="Rechercher" />
 </div>

 <button type="submit" class="btn btn-default">Rechercher</button>
</form>
```

Vous pouvez ajouter du texte informatif dans votre menu avec

CRÉER DES MENUS DE NAVIGATION AVEC BOOTSTRAP 3

la classe navbar-text. L'ensemble sera très ergonomique et va s'adapter en fonction de la largeur de l'écran du périphérique de l'utilisateur. En plus, ces menues restent compatibles avec la majorité des navigateurs Internet.

Exemple :

```
<p class="navbar-text">Informations</p>
```

Vous pouvez créer un menu déroulant dans votre menu de navigation avec la fameuse classe CSS dropdown.

Vous pouvez utiliser dropdown-toggle pour gérer l'aspect des éléments cliqués avec les attributs focus, hover, etc. Et vous avez la classe caret, qui permet d'afficher une flèche pour montrer le menu déroulant. Ensuite, dropdown-menu contiendra le contenu du menu déroulant.

Exemple :

```
<ul class="nav navbar-nav pull-right">

 <li class="dropdown">
  <a href="#" class="dropdown-toggle" data-toggle="dropdown">Type de cours <b class="caret"></b></a>
  <ul class="dropdown-menu">

   <li><a href="#">PHP</a></li>
   <li><a href="#">JavaScript</a></li>
   <li><a href="#">HTML5</a></li>
   <li class="divider"></li>
   <li><a href="#">Développement</a></li>

  </ul>
 </li>

</ul>
```

Le tout vous donnera un menu de

navigation complet pour votre site :

Menu de navigation reprenant les différents exemples précédents

Les menus de navigation optimisés pour mobiles

Vous avez la possibilité de créer un menu qui se réduit. Le menu est réduit et quand l'utilisateur clique dessus, il se déroule automatiquement. C'est pratique sur les périphériques mobiles.

Vous avez une petite icône avec des petites barres et quand l'utilisateur clique dessus, elle déroule et affiche le menu. C'est discret, cela prend pas beaucoup de place à l'écran, c'est l'idéal pour les smartphones, ou les tablettes. Pour cela, il suffit d'utiliser deux attributs data-toggle et avec les éléments data-target dans une balise navbar-toggle.

Exemple complet de menu pour mobiles :

```html
<nav class="navbar navbar-default navbar-fixed-top" role="navigation" id="navbar-defile">
 <div class="container">

  <div class="navbar-header">

  <!-- pour le menu déroulant sur mobile -->
   <button type="button" class="navbar-toggle" data-toggle="collapse" data-target="#menu-navigation">

   <span class="sr-only" />
   <span class="icon-bar" />
   <span class="icon-bar" />
   <span class="icon-bar" />

   </button>
```

CRÉER DES MENUS DE NAVIGATION AVEC BOOTSTRAP 3

```html
<!-- le titre du menu visible -->
<a class="navbar-brand" href="#">Développement Facile</a>

</div>

<!-- le menu déroulant pour mobile -->
<div class="collapse navbar-collapse" id="menu-navigation">

<!-- ajout possible de texte -->
<p class="navbar-text">Informations</p>

<ul class="nav navbar-nav">
<li class="active"><a href="#tutos">Tutoriels</a></li>
<li><a href="#formations">Nos Formations</a></li>
<li><a href="#questions">Vos Questions</a></li>
<li><a href="#contact">Nous contacter</a></li>
</ul>

</div>

</div>
</nav>
```

Vous avez deux div, une toujours visible et l'autre, contenant votre menu, visible uniquement sur grand écran ou si l'utilisateur a cliqué pour ouvrir le menu.

Développement Facile ≡

Créez un menu réduit pour mobile

En cliquant sur le bouton, le menu s'affiche complètement

Menu avec une page « dynamique »

Vous avez sûrement rencontré des pages web avec des sections. C'est une page Web énorme et quand vous cliquez sur le menu, elle se déplace dans la page Web sur une certaine section. Le menu reste toujours visible en haut de la page et vous cliquez sur les éléments de ce menu pour arriver sur une section précise de la page Web.

Cela se fait en identifiant une section de votre site et en spécifiant cet identifiant dans votre menu avec le symbole # comme préfixe.

Exemple :

CRÉER DES MENUS DE NAVIGATION AVEC BOOTSTRAP 3

Le menu sera :

```
<ul class="nav navbar-nav">
 <li><a href="#tutos">Tutoriels</a></li>
 <li class="active"><a href="#formations">Nos Formations</a></li>
 <li><a href="#questions">Vos Questions</a></li>
 <li><a href="#contact">Nous contacter</a></li>
</ul>
```

Et dans la page, on trouvera :

```
<section id="tutos">
 <h1>Les Tutoriels Vidéos</h1>
 <p class="lead">Choisissez vos tutoriels vidéos en fonction du langage de programmation</p>
 <p>Contenu détaillé</p>
</section>
```

Résumé du chapitre

La puissance de BootStrap 3 vous permet de créer des menus de navigation évolués et ergonomiques. Il permet également de créer des menus capables de s'afficher sur mobiles, sans que vous n'ayez trop d'efforts à produire.

Notes

CHAPITRE 52.
Créer des menus à onglets avec BootStrap 3

Vous allez découvrir encore plus de possiblités dans la création de menus. Vous allez apprendre à créer des menus à onglets, des menus verticaux, toujours avec le framework CSS BootStrap 3.

Les menus avec et sans onglets

Une page web peut contenir des menus simples. BootStrap 3 gère ce comportement toujours avec la classe nav que vous avez vu dans le chapitre précédent.

Il est possible de créer des menus avec onglets avec la classe nav-tabs et des menus sans onglet avec la classe nav-pills tout simplement.

Exemple d'un menu sans onglet :

```
<ul class="nav nav-pills pull-right">
 <li class="pull-right"><a href="#contact">Nous contacter</a></li>
 <li class="pull-right"><a href="#questions">Vos Questions</a></li>
 <li class="pull-right active"><a href="#formations">Nos Formations</a></li>
 <li class="pull-right"><a href="#tutos">Tutoriels</a></li>
```

CRÉER DES MENUS À ONGLETS AVEC BOOTSTRAP 3

```
</ul>
```

Menu sans onglet

Exemple d'un menu avec onglets :

```
<ul class="nav nav-tabs">
 <li class="active"><a href="#tutos">Tutoriels</a></li>
 <li><a href="#formations">Nos Formations</a></li>
 <li><a href="#questions">Vos Questions</a></li>
 <li><a href="#contact">Nous contacter</a></li>
</ul>
```

Menu avec onglets

Par défaut, les menus sont alignés à gauche, pour un alignement sur la droite, utilisez la classe pull-right. Vous pouvez utiliser la classe nav-justified pour répartir le menu sur toute la largeur.

Exemple :

```
<ul class="nav nav-tabs nav-justified"> ...
```

Les menus verticaux

La classe nav-stacked va vous permettre de créer des menus verticaux. Suivant vos préférences, certains développeurs préfèrent des menus horizontaux, d'autres des menus verticaux, cela dépend de votre site Web et de vos préférences personnelles.

CRÉER DES MENUS À ONGLETS AVEC BOOTSTRAP 3

Exemple :

```
<div class="row">
  <div class="col-md-3 col-sm-3">

  <ul class="nav nav-pills nav-stacked">
   <li><a href="#tutos">Tutoriels</a></li>
   <li class="active"><a href="#formations">Nos Formations</a></li>
   <li><a href="#questions">Vos Questions</a></li>
   <li><a href="#contact">Nous contacter</a></li>
  </ul>

  </div>
  ...
</div>
```

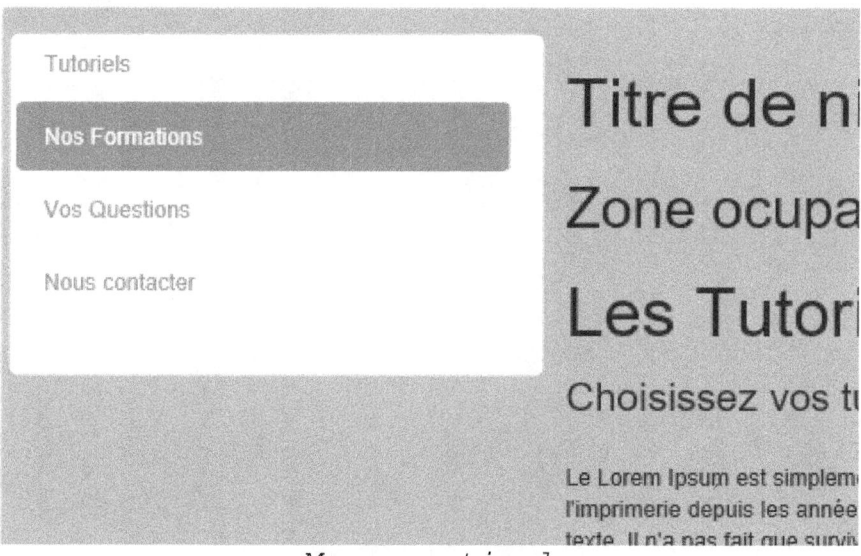

Menu vertical

Résumé du chapitre

CRÉER DES MENUS À ONGLETS AVEC BOOTSTRAP 3

Vos menus de navigation peuvent s'adapter facilement à votre ergonomie et à votre envie, pas besoin qu'ils ressemblent à tous les autres. Et vous bénéficiez toujours d'une syntaxe claire et facile à comprendre et à maintenir.

Récemment, je discutais avec un ami entrepreneur qui a créé une application pour les commerciaux.

Il avait ce souci : certaines fois, les commerciaux se connectent avec leur tablette, ils font une commande avec leur smartphone ou une commande avec leur ordinateur de bureau, etc. Et bien, il a utilisé le framework BootStrap 3 pour garantir l'affichage quel que soit le périphérique du commercial utilisé. Donc c'est très, très, utilisé dans le monde professionnel le framework BootStrap 3.

CRÉER DES MENUS À ONGLETS AVEC BOOTSTRAP 3

Notes

....
....
....
....
....
....
....
....
....
....
....
....
....
....
....
....
....

CRÉER DES MENUS À ONGLETS AVEC BOOTSTRAP 3

CHAPITRE 53.
Créer des pages numérotées avec le fil d'Ariane

─────── ♦ ───────

Apprenez à organiser votre site Web en y intégrant une numérotation des pages et un fil d'Ariane. C'est très utile pour améliorer la lisibilité de votre site. Vos internautes vous remercieront pour ces fonctionnalités.

Les pages numérotées

Il y a deux solutions pour la pagination :

Soit vous utilisez la numérotation des pages avec BootStrap, vous obtiendrez des éléments très ergonomiques, très sympas avec tous les chiffres 1, 2, 3, le nombre de pages...

Ou alors, vous pouvez utiliser les boutons suivants et précédents de BootStrap, qui seront également très sympas.

Commençons par la première solution : les pages numérotées. Pour l'activer, utilisez la classe pagination dans une liste et de décrivez chaque numéro de page comme un élément de cette liste.

Exemple :

```
<ul class="pagination">
    <li><a href="#">&laquo;</a></li>
    <li><a href="#">1</a></li>
```

CRÉER DES PAGES NUMÉROTÉES AVEC LE FIL D'ARIANE

```
<li><a href="#">2</a></li>
<li><a href="#">&raquo;</a></li>
</ul>
```

Les symboles « et » représentent les liens vers la page précédente et la page suivante.

Vous avez des options, la classe active que vous connaissez. Par exemple, pour activer un onglet, pour activer un bouton. Vous allez vous en servir pour activer une page, la page en cours, et le lien sera désactivé pour cette page. Quand l'utilisateur va cliquer sur cette page, dans la page de destination, vous mettrez la classe CSS active sur ce numéro de page-là.

Exemple :

```
<ul class="pagination">
 <li><a href="#">1</a></li>
 <li><a href="#">2</a></li>
 <!-- classe active sur la page en cours de lecture -->
 <li class="active"><a href="#">3</a></li>
 <li><a href="#">4</a></li>
 <li><a href="#">5</a></li>
</ul>
```

Au contraire, la classe disabled permet de désactiver un lien ou un bouton. Par exemple, vous arrivez au dernier article, il y n'y a pas d'articles suivants, vous mettez la classe disabled sur le bouton Suivant, comme ça, il ne sera pas cliquable.

C'est identique pour une page si vous savez qu'il y a une erreur ou pour X ou Y raison, vous ne pouvez pas mettre sur un numéro de page, la classe CSS disabled et elle ne sera pas accessible.

Exemple :

```
<li class="disabled"><a href="#">13</a></li>
```

CRÉER DES PAGES NUMÉROTÉES AVEC LE FIL D'ARIANE

Pagination, page active (3), page désactivée (11)

Vous pouvez modifier la taille des pages numérotées avec les fameuses classes -lg, -sm. Dans ce cas, vous utilisez la classe pagination-lg pour agrandir la classe, pagination-sm pour la réduire, et pagination la taille standard.

Exemple :

```
<ul class="pagination pagination-lg">...
```

Les boutons Suivant/Précédent

La deuxième solution est d'utiliser uniquement des boutons Suivant et Précédent. La classe pager permet de mettre en place ce type de navigation.

Exemple :

```
<ul class="pager">
 <li><a href="#">&laquo; Cours précédent</a></li>
 <li><a href="#">Cours suivant &raquo;</a></li>
</ul>
```

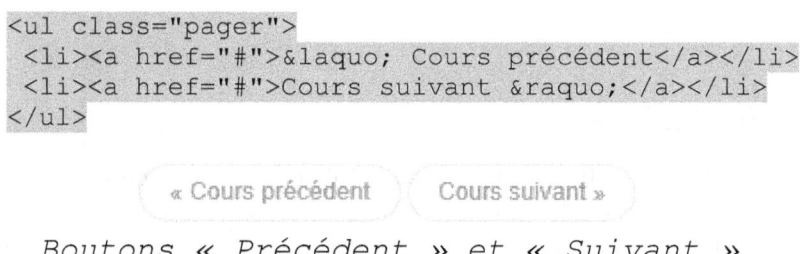

Boutons « Précédent » et « Suivant »

BootStrap vous permet en plus d'aligner ces boutons sur votre page avec les classes previous et next, à utiliser sur la balise li de votre bouton. Par défaut, les boutons sont alignés sur les côtés de

CRÉER DES PAGES NUMÉROTÉES AVEC LE FIL D'ARIANE

votre page.

Exemple :

```
<ul class="pager">
 <li class="previous"><a href="#">&laquo; Cours précédent</a></li>
 <li class="next"><a href="#">Cours suivant &raquo;</a></li>
</ul>
```

Vous pouvez rendre inactif un bouton avec la classe disabled.

Exemple :

```
<ul class="pager">
 <li class="previous"><a href="#">&laquo; Cours précédent</a></li>
 <li class="next disabled"><a href-"#">Cours suivant &raquo;</a></li>
</ul>
```

« Cours précédent   Cours suivant »

Boutons alignés sur les bords de la grille. Le bouton « Suivant » est désactivé

Le fil d'Ariane

Découvrez une option très pratique avec BootStrap : le fameux fil d'Ariane. Vous retrouvez régulièrement ce système de fil d'Ariane, il permet à l'internaute de voir où il est dans l'architecture de votre site et de remonter rapidement à une catégorie parente, jusqu'à l'accueil du site.

Pour l'ajouter à votre site, il suffit d'utiliser une liste numérotée avec une balise ol et li et d'utiliser la classe

CRÉER DES PAGES NUMÉROTÉES AVEC LE FIL D'ARIANE

breadcrumb. Vous noterez que sur un fil d'Ariane, la page active est en général toujours le dernier élément de la liste.

Exemple :

```
<ol class="breadcrumb">
 <li><a href="#">Accueil</a></li>
 <li><a href="#">Tutoriels</a></li>

 <!-- classe active pour indiquer à l'internaute
 la page où il se situe -->
 <li class="active">PHP</li>
</ol>
```

Accueil / Tutoriels / PHP

Fil d'Ariane

Résumé du chapitre

La présentation de la pagination de votre site, ainsi que le fil d'Ariane ne sont pas très compliqués avec BootStrap 3. Ils se basent tous les deux sur des listes ordonnées ou non. Le plus difficile pour vous sera donc l'algorithme qui gérera vos pages pour savoir quelle page affichée avant telle autre, pour générer les liens vers ces pages.

CRÉER DES PAGES NUMÉROTÉES AVEC LE FIL D'ARIANE

Notes

CRÉER DES PAGES NUMÉROTÉES AVEC LE FIL D'ARIANE

CHAPITRE 54.
Créer un diaporama avec BootStrap 3

D écouvrez comment vous pouvez ajouter des effets sur les images, les mettre en forme rapidement avec le framework BootStrap 3. Et bien sûr, comment réaliser votre propre diaporama en seulement quelques lignes de code.

Les images

Le framework CSS BootStrap3 facilite énormément la mise en forme des images pour un rendu professionnel avec élégance et sans connaissance approfondie.

Il y a trois classes CSS pour les mises en forme sur votre balise image :

img-rounded va mettre des bords arrondis sur votre image.

img-circle va afficher votre image dans un cercle.

img-thumbnail va afficher votre image avec un cadre tout autour.

Vous pouvez utiliser le système de grille, il va vous permettre de modifier la taille des images. Choisissez le nombre de colonnes que vous souhaitez utiliser pour votre image suivant le périphérique de l'utilisateur : un smartphone, une tablette ou un ordinateur de bureau.

CRÉER UN DIAPORAMA AVEC BOOTSTRAP 3

Exemple :

```
<div class="col-md-9 col-sm-3">

<!-- image avec les bords arrondis -->
<p><img class="img-rounded" src="16-logo.png" /></p>

<!-- image dans un cercle -->
<p><img class="img-circle" src="16-logo.png" /></p>

<!-- image avec un cadre -->
<p><img class="img-thumbnail" src="16-logo.png" /></p>

</div>
```

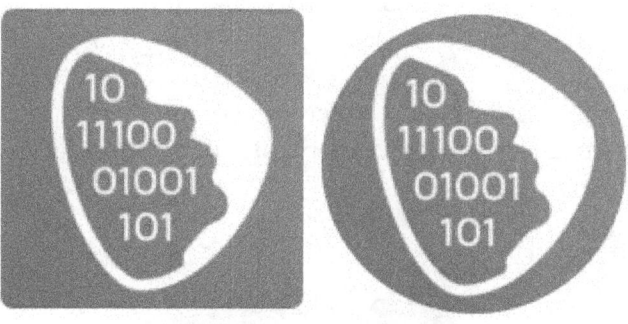

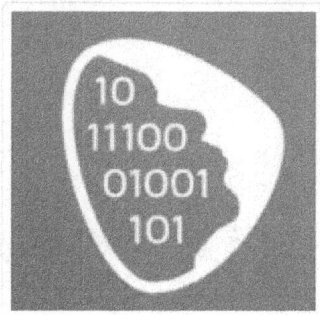

De gauche à droite les effets rounded, circle et thumbnail

CRÉER UN DIAPORAMA AVEC BOOTSTRAP 3

Les vignettes

Les vignettes BootStrap 3 vous permettent d'ajouter de l'interactivité utilisateur avec les images grâce à la classe thumbnail, par exemple un lien sur une image, etc.

Exemple de lien :

```
<a href="#" class="thumbnail">
<img class="img-circle" src="16-logo.png" />
</a>
```

La vignette est ici cliquable

Cette classe permet de créer du contenu HTML complexe, avec une image et du texte en paragraphe tout autour pour une mise en forme.

Exemple :

```
<div class="col-sm-6 col-md-3">

<!-- création du cadre -->
<div class="thumbnail">
<img src="16-logo.png" />

<div class="caption">
<h3>Formation PHP</h3>

<p>Contenu de votre paragraphe</p>

<p>
<a href="#" class="btn btn-primary" role="button">
```

CRÉER UN DIAPORAMA AVEC BOOTSTRAP 3

```
    <i class="fa fa-shopping-cart"></i> Choisir cette
formation
    </a>
  </p>

</div>
```

```
  </div>
</div>
```

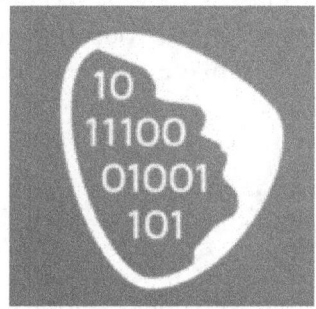

Vignette avec du contenu HTML

CRÉER UN DIAPORAMA AVEC BOOTSTRAP 3

Le diaporama BootStrap 3

BootStrap 3 peut définir un diaporama photo par défaut avec un système de défilement automatique des photos, les flèches précédentes, suivantes, et les petits cercles pour choisir directement la photo à afficher. Vous pouvez rapidement créer votre carrousel.

Il suffit d'utiliser les classes <u>carousel</u> dans votre balise div. Vous allez ajouter les classes carousel <u>slide</u> avec l'attribut <u>data-ride</u>, et vous allez créer un carrousel avec vos images, c'est vraiment rapide à mettre en place.

Syntaxe :

```
<div id="exemple-diaporama" class="carousel slide" data-ride="carousel" data-interval="5000" data-pause="hover">
```

Le diaporama possède plusieurs options de configuration via des attributs.

L'attribut <u>data-interval</u> représente la vitesse de défilement en millisecondes que vous renseignez (5000 dans l'exemple).

L'attribut <u>data-pause</u> permet de mettre en pause le défilement des photos. Dans l'exemple, il est positionné à <u>hover</u>, dès que la souris passera sur une image, le diaporama s'arrêtera automatiquement. Il reprendra quand la souris sortira du diaporama.

L'attribut <u>data-wrap</u> peut être mis à false, il fait défilé les photos une seule et unique fois.

Les images et le contenu HTML, eux, utilisent la classe CSS carousel-inner. Chaque élément différent se trouve en déclarant un nouvel élément de classe item. L'item à afficher (en premier si vous faites un défilement automatique) portera la classe active.

CRÉER UN DIAPORAMA AVEC BOOTSTRAP 3

Exemple :

```
<div class="carousel-inner">

<!-- classe active pour déterminer la première
image du diaporama -->
<div class="item active">
<img src="16-pic1.jpg" />

<div class="carousel-caption">
<h3>BootStrap</h3>
<p>Présentation du Framework BootStrap 3</p>
<p><button class="btn btn-primary">Site
Officiel</button></p>
</div>

</div>

<div class="item">
<img src="16-pic2.jpg" alt="" />

<div class="carousel-caption">
<h3>jQuery Mobile</h3>
<p>Présentation du Framework jQuery Mobile</p>
<p><button class="btn btn-primary">Site
Officiel</button></p>
</div>

</div>

</div>
```

Puis les flèches de défilement s'affichent avec la classe carousel-control. Vous en définissez une pour aller vers l'élément suivant, une autre pour l'élément précédent.

Exemple :

```
<a class="left carousel-control" href="#exemple-
diaporama" data-slide="prev">
<span class="glyphicon glyphicon-chevron-left" />
```

CRÉER UN DIAPORAMA AVEC BOOTSTRAP 3

```
</a>

<a class="right carousel-control" href="#exemple-
diaporama" data-slide="next">
<span class="glyphicon glyphicon-chevron-right" />
</a>
```

Pour les petits cercles, c'est la classe <u>carousel-indicator</u> qu'il faut utiliser. Vous l'insérerez dans une liste ordonnée. Vous indiquerez une référence pour chaque élément au carrousel concerné, puis à l'élément que vous souhaitez afficher. La première image possède le numéro 0.

Exemple :

```
<ol class="carousel-indicators">

<!-- classe active pour déterminer la première
image du diaporama -->
<li data-target="#exemple-diaporama" data-slide-
to="0" class="active" />

<li data-target="#exemple-diaporama" data-slide-
to="1" />
<li data-target="#exemple-diaporama" data-slide-
to="2" />

</ol>
```

CRÉER UN DIAPORAMA AVEC BOOTSTRAP 3

Du contenu HTML peut être inséré au-dessus de chaque image (1).
De gros points indiquent le nombre d'images (2) ainsi que l'image en cours (en blanc).
Les images défilent automatiquement ou avec ces gros points ou avec les flèches sur les côtés (3).

Le diaporama BootStrap 3 – API JavaScript

Vous pouvez ajouter à votre diaporama deux boutons supplémentaires pour arrêter ou reprendre le défilement. Vous utiliserez l'API JavaScript en appelant l'identifiant de votre carrousel et en appelant la propriété pause pour l'arrêter ou cycle pour le faire continuer.

Vous aurez le script suivant :

```
<script type="text/javascript">
$(document).ready(function()
{
/** Clic sur le bouton play du diaporama */
$('#BtnPlay').click(function ()
```

CRÉER UN DIAPORAMA AVEC BOOTSTRAP 3

```
{
$('#exemple-diaporama').carousel('cycle');
});

/** Clic sur le bouton pause du diaporama */
$('#BtnPause').click(function ()
{
$('#exemple-diaporama').carousel('pause');
});
});
</script>
```

Ensuite, vous ajouterez les deux boutons dans votre carrousel :

```
<div id="carouselButtons">
<button id="BtnPlay" type="button" class="btn btn-default btn-xs">
<span class="glyphicon glyphicon-play"></span>
</button>

<button id="BtnPause" type="button" class="btn btn-default btn-xs">
<span class="glyphicon glyphicon-pause"></span>
</button>
</div>
```

Les deux boutons ajoutés sur le carrousel

Résumé du chapitre

En plus d'une gestion évoluée et facile des images, vous avez vu qu'avec quelques classes CSS BootStrap 3 dans vos balises div, vous pouvez créer un carrousel très simplemen. Vous pouvez réaliser une bannière défilante pour votre blog WordPress par exemple. Ou c'est aussi l'occasion de partager vos photos d'une façon originale.

CRÉER UN DIAPORAMA AVEC BOOTSTRAP 3

Avec un peu de JavaScript, vous pouvez implémenter des fonctionnalités que vos utilisateurs vont adorer.

CRÉER UN DIAPORAMA AVEC BOOTSTRAP 3

Notes

CRÉER UN DIAPORAMA AVEC BOOTSTRAP 3

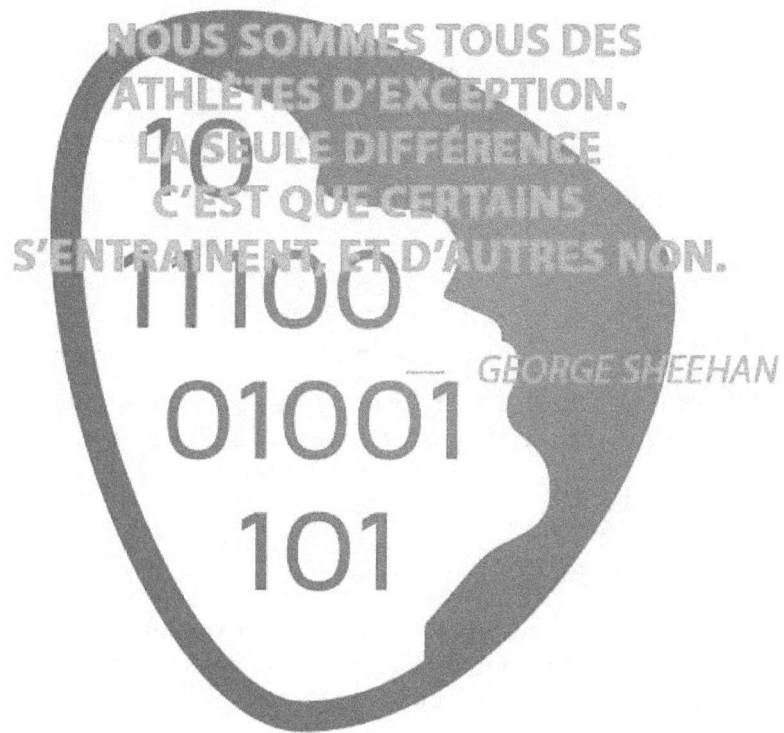

CHAPITRE 55.
Créer des infobulles avec BootStrap 3

Apprenez à créer des infobulles, ces informations qui s'affichent au survol d'un élément. Vous pourrez ajouter du code HTML dans vos infobulles, afficher une image ou encore les animer.

Les infobulles

Pour créer une infobulle, utilisez la balise a href pour les liens avec l'attribut data-toggle=tooltip. Puis, vous mettez le contenu de votre infobulle dans l'attribut title.

Il est nécessaire d'initialiser l'infobulle avec l'API JavaScript de BootStrap 3 en appelant la méthode show sur l'événement qui doit afficher l'infobulle, en général onmouseover.

Vous aurez donc le code Javascript suivant :

```
<script type="text/javascript">
$(document).ready(function()
{
 /**
 * init de l'infobulle BootStrap 3
 * Affichage infobulle au passage de la souris au-dessus d'un lien infobulle
 */
 $("a.infobulle-test").mouseover(function()
```

CRÉER DES INFOBULLES AVEC BOOTSTRAP 3

```
{
$(this).tooltip("show");// pour afficher une infobulle
});
});
</script>
```

Et dans votre page Web, l'infobulle sera définie par exemple avec :

```
<a href="#" class="infobulle-test" data-toggle="tooltip" title="Bienvenue sur Développement Facile !">Lorem Ipsum</a>
```

Quand l'utilisateur passera au-dessus de Lorem Ipsum, il y aura une petite infobulle noire qui dit Bienvenue sur Développement Facile !

Une infobulle apparaît au passage de la souris

Les options pour vos infobulles

Par défaut, l'infobulle apparaît et disparaît avec un effet de fondu. Vous pouvez supprimer cet effet en mettant l'attribut data-animation à la valeur false.

L'attribut data-HTML permet d'insérer du contenu HTML dans l'infobulle si vous le renseignez à true.

L'attribut data-placement permet de déterminer la position de votre infobulle. Vous pouvez positionner votre infobulle en bas

CRÉER DES INFOBULLES AVEC BOOTSTRAP 3

du texte survolé avec bottom, en haut avec top (valeur par défaut), à droite avec right, et à gauche avec left.

Exemple :

```
<a href="#" class="infobulle-test" data-
animation="false" data-html="true" data-
toggle="tooltip" title="<b>Formation</b>
Développement <i>Facile</i>">
```

L'attribut data-title est l'équivalent de title. Selon vos préférences, vous allez peut-être utiliser l'attribut title pour mettre des textes dans l'infobulle ou alors l'attribut data-title pour mettre le texte de l'infobulle.

Exemple :

```
<a href="#" class="infobulle-test" data-
toggle="tooltip" data-title="Cours Développement
Facile !">Le Lorem Ipsum</a>
```

L'attribut data-trigger permet de choisir les événements qui vont déclencher l'apparition de la bulle. Vous pouvez déclencher l'apparition de la bulle au passage de la souris avec hover, sur un clic avec click, sur un focus, ou manuel.

Exemple :

```
<a href="#" class="infobulle-test" data-
trigger="click" title="Bienvenue sur Développement
Facile !">Lorem Ipsum</a>
```

Avec cet exemple, l'infobulle restera toujours visible à partir du moment où l'utilisateur passera la souris sur le lien et jusqu'à ce qu'il clique sur le lien.

Pour plus d'options, vous pouvez tout maîtriser avec Javascript et en agissant sur votre infobulle avec show pour l'afficher, hide pour la masquer, toggle pour inverser son état.

CRÉER DES INFOBULLES AVEC BOOTSTRAP 3

Résumé du chapitre

Plus difficile que les autres fonctionnalités que nous avons vues jusqu'ici, car très liées à JavaScript, les infobulles avec BootStrap 3 vous permettent d'afficher des informations supplémentaires, uniquement au survol de la souris (à moins que vous le définissiez autrement suivant vos besoins), et de manière ergonomique, totalement intégrées à votre site.

CRÉER DES INFOBULLES AVEC BOOTSTRAP 3

Notes

CRÉER DES INFOBULLES AVEC BOOTSTRAP 3

CHAPITRE 56.
Les options avancées des infobulles tooltip

Après avoir vu dans le chapitre précédent comment créer des infobulles avec BootStrap 3, voyons maintenant comment ajouter du contenu complexe dedans : HTML, images, etc.

Les infobulles avancées ou popovers

Au lieu d'utiliser la valeur tooltip dans data-toggle, vous allez utiliser popover. Cela va indiquer à l'API BootStrap que vous utilisez une infobulle complexe avec du contenu HTML.

Vous pouvez définir l'en-tête avec l'attribut data-original-title. Vous aurez alors un titre et en-dessous du contenu.

Toujours sur un lien HTML, voici votre exemple avec un bouton, le titre Hello, et le contenu Bienvenue sur Développement Facile :

```
<a href="#" class="infobulle-complexe" data-toggle="popover" data-trigger="click" data-original-title="Hello" data-content="Bienvenue sur Développement Facile !">Lorem Ipsum</a>
```

LES OPTIONS AVANCÉES DES INFOBULLES TOOLTIP

Infobulle complexe avec titre

Manipuler les infobulles avancées avec l'API

Vous avez également l'API JavaScript, c'est ce que je vous conseille d'utiliser, qui sera beaucoup plus simple pour créer des contenus HTML complexes.

Utilisez la fonction popover avec différents paramètres. Vous renseignez le paramètre HTML, la valeur c'est false par défaut. Si vous voulez insérer des balises HTML dans votre infobulle, positionnez HTML à true.

Vous avez le paramètre content qui représente le contenu de l'infobulle. C'est là où vous pouvez utiliser toutes les balises HTML 5, y compris des images.

Enfin, le paramètre title est l'en-tête de l'infobulle, le titre de l'infobulle.

Exemple :

```
<script type="text/javascript">
$(document).ready(function()
{
 $("#infob-html").popover(
 {
 html : true,
 content : '<p><img src="18-logo.png" class="pull-left"/> Le Lorem Ipsum est simplement du faux texte employé dans la composition et la mise en page avant impression pour maintenant.</p><p>Le
```

LES OPTIONS AVANCÉES DES INFOBULLES TOOLTIP

```
Lorem Ipsum est simplement du faux texte employé
dans la composition et la mise en page avant
impression.</p><p><a
href="http://www.developpement-facile.com"
class="btn btn-danger">Rendez-vous sur Dev
Facile !</a></p>',
  title : '<p>Et encore des exemples <strong>HTML !
</strong></p>'
 });

/**
 * init de l'infobulle complexe BootStrap 3
 * passage de la souris au dessus d'un lien
infobulle
 */
$("a.infobulle-complexe").mouseover(function()
{
$(this).popover("show");// pour afficher une
infobulle complexe
 });
});
</script>
```

Vous remarquez une autre fonction pour l'infobulle. $(« #l'identifiant de l'infobulle »).popover(« show ») pour afficher l'infobulle, c'est comme le tooltip. L'infobulle complexe marche avec show, hide, toggle. Show pour afficher l'infobulle, hide pour la masquer, toggle pour faire l'effet de masquage et d'affichage de votre infobulle.

L'exemple sera exécuté pour l'infobulle suivante :

```
<a href="#" id="infob-html" class="infobulle-
complexe" data-placement="bottom" data-
toggle="popover" role="button">Lorem Ipsum</a>
```

Vous obtiendrez une infobulle avec une image, un bouton, des paragraphes HTML. Vous pouvez y intégrer ce que vous voulez.

LES OPTIONS AVANCÉES DES INFOBULLES TOOLTIP

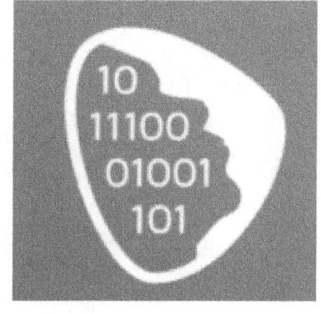

Popover complexe

Résumé du chapitre

Si vous connaissez JavaScript, les popover sont des infobulles complexes et permettent d'ajouter n'importe quel contenu HTML dans des zones qui ne s'afficheront que lorsque nécessaire, au sruvol de la souris. Le contenu ne doit pas pour autant être primordial pour vous, sinon ajoutez-le plutôt directement sur la page.

LES OPTIONS AVANCÉES DES INFOBULLES TOOLTIP

LES OPTIONS AVANCÉES DES INFOBULLES TOOLTIP

Notes

LES OPTIONS AVANCÉES DES INFOBULLES TOOLTIP

LA GLOIRE DES GRANDS HOMMES SE DOIT TOUJOURS MESURER AUX MOYENS DONT ILS SE SONT SERVIS POUR L'ACQUÉRIR.

— LA ROCHEFOUCAULD

CHAPITRE 57.
Créer des pop-up modales

BootStrap 3 vous permet d'afficher une petite fenêtre supplémentaire sur votre page pour, par exemple, alerter votre utilisateur suite à une action, ou pour présenter un contenu qu'il n'aurait peut-être pas vu sinon, sans quitter votre page. C'est ce qu'on appelle une fenêtre modale, ou pop-up modale.

Les pop-ups

Vous pouvez afficher une fenêtre modale sur votre site Internet aussi bien pour les smartphones, les tablettes, les ordinateurs de bureau.

Pour cela, il suffit d'ajouter deux attributs, data-toggle=modal et data-target=#id sur un lien ou un bouton.

Exemple :

```
<button class="btn btn-primary btn-lg" data-toggle="modal" data-target="#id-popup">Afficher la PopUp</button>
```

Votre pop-up, dont l'ID est id-popup si l'on continue notre exemple, sera dans une balise div.

Dans cette div, vous allez définir une autre div pour le contenu avec la classe modal-body en la complétant avec de nouvelles div

CRÉER DES POP-UP MODALES

pour l'en-tête et la classe modal-header, et une troisième div pour le bas de la pop-up avec la classe modal-footer, tout simplement.

Exemple :

```
<div class="modal fade" id="id-popup" tabindex="-1" role="dialog" aria-labelledby="titrePopUp" aria-hidden="true">

<div class="modal-dialog">
<div class="modal-content">

<div class="modal-header">
<h4 class="modal-title" id="titrePopUp">Bienvenue sur Développement Facile</h4>
</div>

<div class="modal-body">
<p class="lead"><img src="19-logo.png" class="pull-right">Résumé</p>
<p>Contenu</p>
</div>

<div class="modal-footer">
<a href="http://www.developpement-facile.com" class="btn btn-primary pull-left">Developpement Facile</a>
</div>

</div>
</div>

</div>
```

La classe <u>fade</u> utilisée sur la pop-up permet d'appliquer un effet pour l'apparition de la pop-up.

CRÉER DES POP-UP MODALES

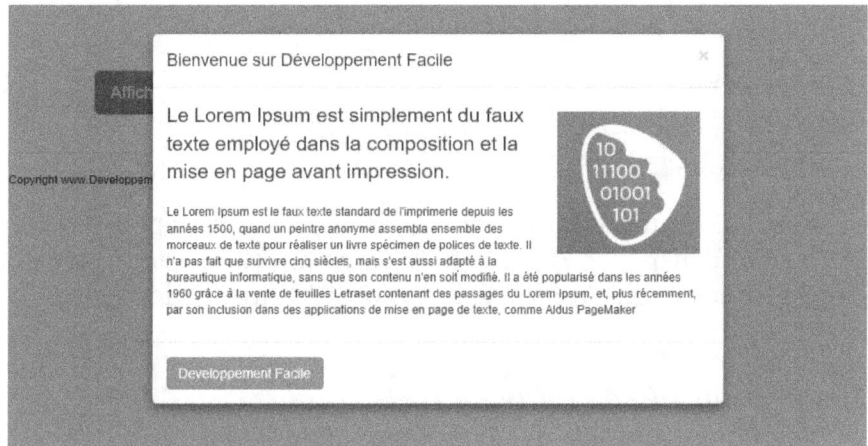

La pop-up s'affiche au-dessus du reste de la page

Les pop-up - Les options

Vous avez différentes options pour votre pop-up.

Vous pouvez ajouter un bouton pour permettre la fermeture de votre popup grâce à la classe <u>data-dismiss</u> et la valeur <u>modal</u> dans votre bouton.

Exemple :

```
<button type="button" class="close" data-dismiss="modal" aria-hidden="true">&times;</button>
```

Par défaut, votre pop-up s'affichera au-dessus de votre page en masquant les parties visibles de cette page avec un léger voile gris, afin de signaler à votre utilisateur qu'il doit traiter le message de la pop-up avant de revenir sur la page.

Vous pouvez positionner l'attribut <u>data-backdrop</u> à false pour supprimer ce voile, vous aurez la pop-up mais l'arrière-plan de

CRÉER DES POP-UP MODALES

votre page sera parfaitement lisible.

Exemple :

```
<div class="modal" id="id-popup" data-backdrop="false">...
```

Ensuite, l'utilisateur peut masquer la pop-up en appuyant sur la touche Echap par défaut, tout simplement. Si vous voulez empêcher cela, vous utilisez data-keyboard et mettez-le à false.

Les pop-up - L'API JavaScript

Vous avez une API JavaScript qui va bien évidemment avec la pop-up, c'est beaucoup plus simple pour la contrôler.

Comme d'habitude, $(« #id-popup ») avec l'id de la pop-up et la méthode modal, et vous pouvez lui passer plusieurs paramètres :

backdrop pour le voile, soit true, soit false.

keyboard pour la touche Echap pour masquer le pop-up ou à false pour l'empêcher.

show permet d'afficher la pop-up directement.

Vous pouvez envoyer l'option show pour afficher la pop-up, hide pour la masquer, toggle ce sera un effet affichage du pop-up, masquage du pop-up.

Exemple :

```
<script type="text/javascript">
$(document).ready(function()
{
 $("#id-popup").modal("show");// affiche la popup au chargement de la page
});
</script>
```

CRÉER DES POP-UP MODALES

Résumé du chapitre

Vous pouvez désormais afficher une fenêtre supplémentaire sur votre site, sans que l'utilisateur quitte la page. Cela apporte une réactivité plus importante pour certains traitements. Vous pouvez aussi utiliser cette fonctionnalité pour afficher des informations supplémentaires.

CRÉER DES POP-UP MODALES

Notes

CRÉER DES POP-UP MODALES

CHAPITRE 58.
Créer des tableaux avec BootStrap 3

Apprenez à créer des tableaux beaucoup plus élégants et ergonomiques grâce au framework BootStrap 3. Vous découvrirez également les options que vous pouvez ajouter sur vos tableaux BootStrap.

Les tableaux

Il suffit d'utiliser des classes CSS pour créer l'affichage de votre tableau, c'est aussi simple que ça. Si vous connaissez le langage HTML, un tableau se déclare avec la balise table. Ensuite, vous avez l'en-tête du tableau déclaré avec thead. Le contenu du tableau se définit avec tbody. Le bas du tableau se déclare avec tfoot.

BootStrap définit la classe CSS table pour afficher les éléments du tableau par défaut avec un padding, l'espacement en français, de huit pixels. Vous n'avez qu'à spécifier cette classe dans votre balise table pour afficher un tableau façon BootStrap.

Si vous souhaitez réduire l'espacement parce que votre site va s'afficher sur un petit écran, vous pouvez utiliser la classe table-condensed. Le padding sera alors réduit à cinq pixels au lieu de huit.

Vous pouvez ajouter des bordures sur votre tableau. Utilisez la

CRÉER DES TABLEAUX AVEC BOOTSTRAP 3

classe table-bordered. Votre tableau avec la classe table, l'en-tête avec la balise thead et le contenu avec la balise tbody pour créer votre tableau et vous utilisez les classes CSS pour la mise en forme.

Exemple :

```html
<table class="table table-bordered table-condensed">
 <thead>

 <tr>
 <td>Identifiant</td>
 <td>Formation</td>
 <td>Durée</td>
 </tr>

 </thead>

 <tbody>

 <tr class="success">
 <td>js</td>
 <td>JavaScript Facile</td>
 <td>6 mois</td>
 </tr>

 <tr>
 <td>css</td>
 <td>CSS3</td>
 <td class="success">CSS Facile</td>
 </tr>

 </tbody>
</table>
```

CRÉER DES TABLEAUX AVEC BOOTSTRAP 3

Identifiant	Formation	Durée
js	JavaScript Facile	6 mois
php	PHP Facile	4 mois
css	CSS3	CSS Facile
html	HTML5	HTML Facile
bt	BootStrap 3	BootStrap Facile

```
Tableau avec BootStrap 3
```

Les tableaux - Les options

Vous pouvez ajouter plusieurs options intéressantes pour vos tableaux. Vous pouvez évidemment les cumuler si vous en avez besoin.

Si votre tableau contient plusieurs lignes, c'est très intéressant d'afficher une ligne sur deux d'une couleur différente. Avec par exemple un fond grisé, un fond blanc, un fond grisé, un fond blanc, etc. Il existe une classe CSS pour cet effet : table-striped.

Exemple :

```
<table class="table table-striped">
```

Vous avez aussi une classe pour mettre en surbrillance la ligne actuellement survolée : table-hover. Ainsi, toute la ligne est mise en évidence quand l'utilisateur passe dans une cellule du tableau.

Exemple :

```
<table class="table table-hover">
```

Vous avez les fameuses classes active, success, warning et danger que vous connaissez par cœur. Vous les avez vues avec panel, avec tooltip, alert, etc. Elles sont aussi là pour les tables, comme dans le premier exemple du chapitre.

Vous pouvez mettre en avant les lignes d'un tableau. Soit vous pouvez mettre en avant la ligne complète d'un tableau, soit un seul élément dans le tableau. Pour le faire sur toute la ligne, ajoutez la classe dans la balise tr, pour une seule cellule, appliquez la classe sur un td.

Découvrez la classe table-responsive qui peut être très utile lorsque vous avez un tableau avec énormément de colonnes et que vous ne voulez pas qu'il soit réduit sur un smartphone.

Avec la classe table-responsive, vous ajoutez des barres de défilement en haut et en bas, au lieu d'écraser votre tableau et qu'il soit illisible. Votre tableau va rester lisible sur un smartphone ou une tablette. Il y aura des barres de défilements dont l'utilisateur pourra se servir pour voir le contenu de votre tableau.

Résumé du chapitre

Cela devient un jeu d'enfant de créer des tableaux qui s'affichent correctement quel que soit le navigateur, sur les smartphones, les tablettes, et les ordinateurs de bureau.

CRÉER DES TABLEAUX AVEC BOOTSTRAP 3

Notes

....
....
....
....
....
....
....
....
....
....
....
....
....
....
....
....

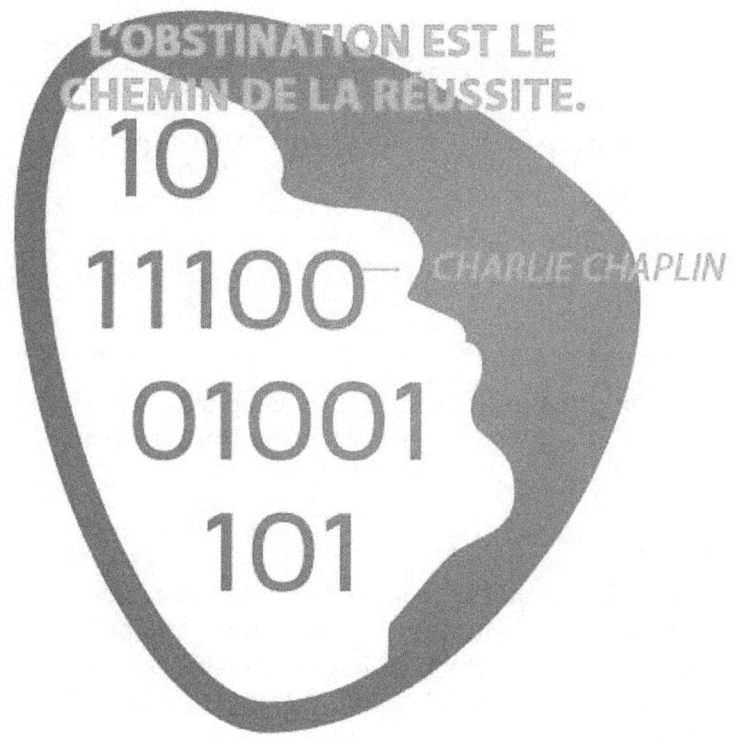

CHAPITRE 59.
La technique de création de tableaux avancés

Le chapitre précédent vous a apporté une introduction aux tableaux avec BootStrap 3. dans ce chapitre, vous allez découvrir une mise forme un peu plus évoluée pour vos tableaux.

Les tableaux avancés

Vous allez réutiliser les classes panel vues dans les chapitres sur les listes avec BootStrap. Vous aurez une balise div avec la classe panel, un en-tête avec la classe panel-heading pour le titre, votre contenu avec panel-body, et le pied de page avec la classe panel-footer.

Dans chaque élément, l'en-tête, le contenu et le pied de page, vous pouvez ajouter votre contenu HTML : un tableau, une image, etc.

Exemple :

```
<div class="panel panel-default">
 <div class="panel="panel panel-primary">

<div class="panel-heading">
<h2>Le haut du tableau</h2>
</div>

</div>
```

LA TECHNIQUE DE CRÉATION DE TABLEAUX AVANCÉS

```html
<div class="panel-body">
<p>On peut mettre un résumé du tableau</p>
</div>

<table class="table table-bordered table-striped table-hover">
<thead>

<tr>
<td>Identifiant</td>
<td>Formation</td>
<td>Durée</td>
</tr>

</thead>
<tbody>

<tr class="success">
<td>js</td>
<td>JavaScript Facile</td>
<td>6 mois</td>
</tr>

<tr>
<td>php</td>
<td>PHP Facile</td>
<td>4 mois</td>
</tr>

</tbody>
</table>

<div class="panel-footer">
Le bas du tableau
</div>

</div>
```

Bien sûr, si vous n'avez pas besoin du bas du tableau, vous pouvez n'utiliser que panel-heading, ou inversement.

LA TECHNIQUE DE CRÉATION DE TABLEAUX AVANCÉS

Le haut du tableau

Le contenu du tableau

Le Lorem Ipsum est simplement du faux texte employé dans la composition et la mise en page avant impression. Le Lorem Ipsum est le faux texte standard de l'imprimerie depuis les années 1500

Identifiant	Formation	Durée
js	JavaScript Facile	6 mois
php	PHP Facile	4 mois
css	CSS3	CSS Facile
html	HTML5	HTML Facile
bt	BootStrap 3	BootStrap Facile

Le bas du tableau

Tableau complexe

Les tableaux avancés - Les options

Vous pouvez également utiliser les fameuses classes informatives de BootStrap 3 que vous commencez à connaître par cœur : primary bleu, success vert, info bleu clair, warning orange, et danger rouge.

Au final, les options vues dans le chapitre précédent s'appliquent aux tableaux avancés, de la même manière et dans les mêmes conditions.

Résumé du chapitre

Maintenant vous pouvez créer de jolis tableaux avec BootStrap 3, il ne vous reste plus qu'à les alimenter !

# LA TECHNIQUE DE CRÉATION DE TABLEAUX AVANCÉS

LA TECHNIQUE DE CRÉATION DE TABLEAUX AVANCÉS

Notes

LA TECHNIQUE DE CRÉATION DE TABLEAUX AVANCÉS

J'AI PEUR DE BEAUCOUP
DE CHOSES. D'UN CHIEN QUI EST
ÉNERVÉ, PAR EXEMPLE.
ET SUR UN COURT DE TENNIS,
JE PARAIS
PEUT-ÊTRE CALME,
MAIS JE TREMBLE DE TOUT MON ÊTRE.
IL N'Y A AUCUN JOUEUR DANS
LE MONDE QUI N'EST PAS
NERVEUX AVANT UN MATCH.
SURTOUT LORS DES MATCHS
IMPORTANTS.
MAIS IL FAUT FAIRE AVEC

— RAFAEL NADAL

Le chapitre manquant ?

Savez-vous comment créer des applications web magnifiques deux à trois fois plus rapidement et qu'elles soient toujours aussi performantes ?

Regardez cette vidéo gratuite créée par Matthieu :

http://www.programmation-facile.com/chapitre-hcb

Vous découvrirez comment aller beaucoup plus loin avec les langages HTML5 et CSS3 et amener votre développement au niveau supérieur !

Et recevez également en cadeau, en passant par cette page :

- La formation "Développement Facile", avec des conseils concrets par e-mail, en vidéo et en vidéoconférences, pour décupler votre programmation,
- Une formation en vidéo offerte pour découvrir comment utiliser toutes les stratégies avancées "HTML5 et CSS3" pour le développement d'APPS sur les mobiles et tablettes,
- Et plusieurs autres surprises et cadeaux !

Cliquez sur le lien ci-dessous pour recevoir l'ensemble de vos bonus offerts gratuitement avec le livre :

http://www.programmation-facile.com/chapitre-hcb

À très vite,

LE CHAPITRE MANQUANT ?

Matthieu D.

QUI EST MATTHIEU ?

Matthieu, expert en développement applicatif est un développeur dynamique et curieux, qui a conçu de nombreuses applications performantes dans différents langages. Il possède une expérience d'une dizaine d'années de développement avec les langages JavaScript, PHP, ActionScript, HTML, CSS, MySQL, C, Assembleur...

Les compétences de Matthieu l'ont amené à travailler aussi bien pour des startups que pour des entreprises à envergure internationale. Ces diverses expériences lui ont permit de créer une Méthode unique pour enseigner la programmation aux développeurs ambitieux désirant créer des applications performantes dans leurs langages de programmation.

Pour contacter Matthieu afin d'obtenir des informations sur sa Méthode unique d'enseignement du Développement Performant, visitez :

https://www.programmation-facile.com

QUI EST MATTHIEU ?

Matthieu, Expert en Développement Applicatif

Remerciement

---◆---

Comme chacun des ouvrages de cette série, *"Créez Rapidement des Sites Web Performants avec HTML5 / CSS3 / BOOTSTRAP 3"* a été un travail d'équipe.

J'adresse donc un remerciement chaleureux à toute l'Équipe Développement Facile, qui a contribué à l'effort de création et de relecture de l'ouvrage ; tout particulièrement à Mathieu qui l'a transcrit et mis en forme et qui l'a relu plusieurs fois pour y apporter ses corrections.

Et enfin, merci à vous, lecteur, pour vous être lancé dans l'aventure de la programmation HTML5 et CSS3 qui vous mènera à concevoir des applications et des projets passionnants pour des clients intéressants... une aventure qui commence en améliorant vos compétences en développement Web dès aujourd'hui !

www.ingramcontent.com/pod-product-compliance
Lightning Source LLC
Chambersburg PA
CBHW051848170526
45168CB00001B/21